D.E.C.E.L.A.
LIBROS DE Esp & Lat-ame
C.P. 1532 SUCC. "DESJARDINS"
MONTRÉAL, QUÉ. CANADA H5B 1H3
FAX: (514) 844-5200

Marisa González
Felipe Martín
Conchi Rodrigo
Elena Verdía

Socios 1

Curso básico
de español
orientado al mundo
del trabajo

Libro del alumno

Socios 1

Libro de alumno

Autores:
Marisa González *(Instituto Cervantes de Rabat)*
Felipe Martín *(Instituto Cervantes de Casablanca)*
Conchi Rodrigo *(Universidad Alfonso X el Sabio, Madrid)*
Elena Verdía *(Instituto Cervantes de Madrid)*

Coordinación editorial y redacción:
Jaime Corpas y Agustín Garmendia

Corrección:
Eduard Sancho

Diseño y dirección de arte:
Estudio Ivan Margot

Maquetación:
Anna Pons y Silvia Mata

Ilustración:
Joma

Fotografías:
Ivan Margot
PhotoDisc
Super Stock
The Kobal Group

Música:
Juanjo Gutiérrez

Grabación:
Estudios 103 Barcelona

Los autores, el equipo de redacción y el estudio de diseño quieren expresar su agradecimiento a las familias González, Martín, Rodrigo, Verdía y Barreira, a Luis Barreira, a Matt Brereton, a José López Fernández, a Driss El Rharib, al equipo de profesores de Aliseda, a Vanessa Muñoz, a Nacho Gil, a Neus Sans, a Núria París, a Lola Martínez y a Eduard Vázquez.

ISBN: 84-89344-48-5
Depósito Legal: B-2398-1999

Impreso en España por Grafos S.A. Arte sobre papel
Impreso en papel ecológico

Centro de Investigación y Publicaciones de Idiomas, S.L.
C/Bruc, 21 1º 2ª - 08010 BARCELONA
Tel. 93 412 22 29 - Fax 93 412 66 60
e-mail: editdif@lix.intercom.es
http://www.difusion.com

DIFUSION

SOCIOS **1** es un manual de ELE dirigido a principiantes que necesitan la lengua para desenvolverse en ámbitos laborales. Tiene el doble objetivo de iniciar al alumno en el español e introducirlo en las peculiaridades del mundo del trabajo. Este método se fundamenta en los principios del enfoque por tareas, idóneo para responder a las necesidades específicas del aprendiz en un contexto profesional. Las tareas que propone son representativas de procesos de comunicación en la vida real, responden a las necesidades del público meta y han sido secuenciadas según un criterio de dificultad de interacción. El avance en la realización de éstas asegura el desarrollo de la competencia comunicativa.

Este libro consta de 12 unidades que están organizadas en torno a una tarea final y presentan la siguiente secuencia:

- actividades de comprensión, concebidas para ayudar a entender cómo funciona el español.
- actividades de producción con apoyo, destinadas a asegurar que el alumno sea capaz de realizar la tarea final.
- actividad de producción sin apoyo o tarea final, que se materializa en un producto y que integra todos los contenidos de la unidad.

El aula, espacio social y de aprendizaje, proporciona un contexto para la realización de las actividades. Todas ellas se centran en el intercambio significativo de información que hacen los alumnos desde su propia identidad. Para lograr este intercambio con una mayor implicación por su parte, se ha llevado al aula su realidad y se han creado situaciones de interacción comunicativa que facilitan la negociación. Este tipo de actividades permite desarrollar estrategias de uso de la lengua para solucionar problemas y, en definitiva, promueve la autonomía del alumno. Además, ofrecen variedad de contextos y situaciones que permiten al estudiante establecer analogías, vinculando procesos de uso y procesos de aprendizaje.

Las actividades de producción, determinadas por la tarea final, definen las funciones, la gramática y el vocabulario, recogidos, al final de cada unidad, en una gramática de referencia.

El **Libro del alumno** va acompañado del **Cuaderno de ejercicios**, que amplía y refuerza los contenidos presentados en cada unidad. Son también componentes indispensables del método las **Carpetas de audiciones** (del libro del alumno y del libro de ejercicios) y el **Libro del profesor**, que da las pautas generales para la utilización del manual, explica cómo poner en práctica las actividades y da ideas alternativas de uso.

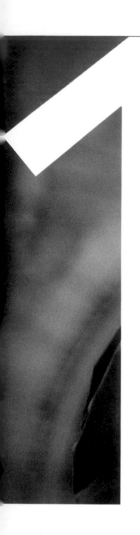

En clase de español

1. COSAS EN ESPAÑOL

 A. Vas a escuchar algunos ruidos. ¿En qué lugar puedes oírlos?
¿A qué imagen corresponden? Señálalo.

SERVICIOS

CAMBIO

B. ¿Conoces el significado de las palabras y los símbolos? Puedes
preguntar a tus compañeros.

⬦ ¿Qué significa "farmacia"?   ⬦ ¿Cómo se dice "change" en español?
★ No sé.   ★ Cambio.
○ "Apotheke".

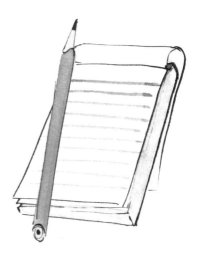

C. ¿Conoces más palabras en español? Haz una lista y después ponlas en común con tu
compañero.

2. PALABRAS EN ESPAÑOL

 A. Escucha cómo se pronuncian y observa cómo se escriben estos nombres de empresas españolas.

B/V	Televisión Española Universidad Complutense **B**anco **Bi**lbao **V**izcaya (**BBV**) Ibérica de Componentes	**CH**	O**ch**oa Banco de **Ch**ile **Ch**upa **Ch**ups	**G/J**	Aceites **G**iralda A**g**encia Efe Turrones La **J**ijonenca Pastillas **J**uanola La To**j**a Vinos de **J**erez
C/QU	**C**aja de **Cu**en**c**a El **C**orte Inglés Peluquería **Qui**q**u**e Foto A**quí**	**G/GU**	Fagor Aurora Seguros **G**as Natural Alimentación **Gu**errero Editorial A**gu**ilar	**LL**	**LL**ongueras Peluqueros La **Ll**ave de Oro Cafés la Estre**ll**a
C/Z	Tele **C**inco **Z**oo de Bar**c**elona **Z**ara **Z**umosol	**H**	**H**otel Meliá **H**alcón Viajes Central **H**ispano	**Ñ**	Papelería Españo**ñ**a... Papelería Española 3M España, S.A.

B. Ahora comenta con tus compañeros cuándo se escribe con c, qu, j o g.

3. LA U.E. (UNIÓN EUROPEA)

Éstas son las banderas de los países de la U.E. en 1999:
Alemania, Austria, Bélgica, Dinamarca, España, Finlandia, Francia, Gran Bretaña,
Grecia, Holanda, Irlanda, Italia, Luxemburgo, Portugal y Suecia.
¿A qué país corresponde cada bandera?

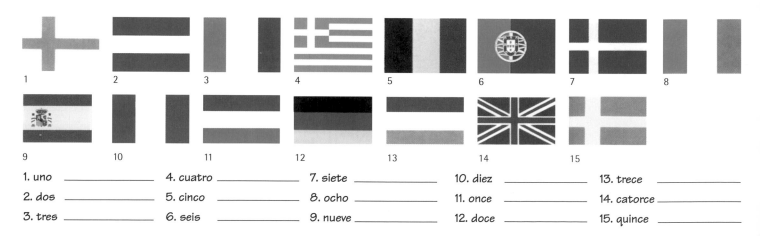

1. uno _____	4. cuatro _____	7. siete _____	10. diez _____	13. trece _____
2. dos _____	5. cinco _____	8. ocho _____	11. once _____	14. catorce _____
3. tres _____	6. seis _____	9. nueve _____	12. doce _____	15. quince _____

También puedes preguntar el nombre de otros países en español.

◇ ¿Cómo se dice  en español?
★ Estados Unidos.

◇ ¿Y cómo se escribe?
★ E, ese, te, a, de ...

4. SEMIFINALES DE VOLEIBOL

 Escucha los resultados de los partidos España-Cuba y China-Italia.
Completa los marcadores. ¿Qué países pasan a la final?

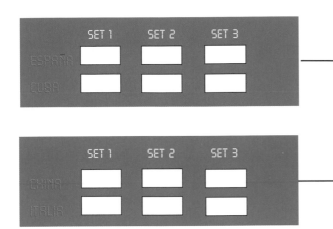

5. LATINOAMÉRICA

¿Sabes dónde están estos países
en los que se habla español?

Argentina	Nicaragua
Bolivia	Panamá
Chile	Paraguay
Colombia	Perú
Costa Rica	Puerto Rico
Cuba	República Dominicana
Ecuador	El Salvador
Guatemala	Uruguay
Honduras	Venezuela
México	

◇ Esto es Bolivia.
★ Sí, y esto es Perú, ¿no?
◇ Sí.

6. MATRÍCULAS DE COCHES ESPAÑOLES

¿Sabes de qué ciudades españolas son estos coches? Coméntalo con un compañero. Elige ahora una matrícula y di los números y la última letra. Tu compañero dirá
de qué ciudad es.

◇ Ocho, cero, nueve,
dos, pe, efe.
★ ¡Madrid!

B-1262-MJ

M-8092-PF

Z-6259-TL

SE-6359-T

BI-4179-SO

SS-4159-MK

B-6309-LT

M-2747-OC

7. NACIONALIDADES

Aquí tienes algunas personas de Alemania, Brasil, Cuba, Escocia, España, Estados Unidos, Francia, Inglaterra, Italia y Japón. ¿Sabes qué nacionalidad tienen?

NACIONALIDADES
alemán - alemana
brasileño - brasileña
cubano - cubana
escocés - escocesa
español - española
norteamericano - norteamericana
francés - francesa
inglés - inglesa
italiano - italiana
japonés - japonesa

◇ Candela es cubana, ¿no?
★ No sé, yo creo que es española.

Klaus Darío Pierre Kioko Milton José

Candela Robert Dustin Margaret Vittorio

8. EN UN CONGRESO

Los participantes llegan al congreso. La azafata toma nota y reparte las tarjetas de identificación. Marca en la lista los que recogen su tarjeta.

VII CONGRESO NACIONAL	
Nombre	**Apellidos**
Adela	García Olmos
Olga	Gómez Torres
Pablo	Gómez Velarde
Ana Isabel	González Castaño
José Mª	González Salazar
José Mª	González Saldaña
María José	Guillén Muñoz
Antonio	Gutiérrez Alonso
Fernando	Gutiérrez Alonso
Mercedes	Gutiérrez Martín

9. FITUR. FERIA INTERNACIONAL DE TURISMO

Algunos participantes no tienen escrita la nacionalidad en sus tarjetas. ¿De dónde crees que son? Fíjate en los nombres, en los apellidos y en la empresa. Coméntalo después con tu compañero.

FITUR
FERIA INTERNACIONAL DE TURISMO

Nombre: Olga
Apellidos: Gómez Torres
Empresa: Juliá Tours
Nacionalidad:

FITUR
FERIA INTERNACIONAL DE TURISMO

Nombre: Markus
Apellidos: Wessling
Empresa: Lufthansa
Nacionalidad:

FITUR
FERIA INTERNACIONAL DE TURISMO

Nombre: Jeniffer
Apellidos: Curtis
Empresa: TWA
Nacionalidad:

FITUR
FERIA INTERNACIONAL DE TURISMO

Nombre: Abdul
Apellidos: El Guerruf
Empresa: Dunia Tours
Nacionalidad:

FITUR
FERIA INTERNACIONAL DE TURISMO

Nombre: Helga
Apellidos: Sherling
Empresa: Swissair
Nacionalidad:

FITUR
FERIA INTERNACIONAL DE TURISMO

Nombre: Matthew
Apellidos: Smith
Empresa: British Airways
Nacionalidad:

FITUR
FERIA INTERNACIONAL DE TURISMO

Nombre: Roland
Apellidos: Dubois
Empresa: Air France
Nacionalidad:

FITUR
FERIA INTERNACIONAL DE TURISMO

Nombre: Carlos Eduardo
Apellidos: Mendoza Betancur
Empresa: Viasa
Nacionalidad:

FITUR
FERIA INTERNACIONAL DE TURISMO

Nombre: Olaf
Apellidos: Svenson
Empresa: SAS
Nacionalidad:

◇ ¿De dónde crees que es Olga Gómez?
★ Es española, ¿no?
○ Sí, creo que sí.

10. LA FICHA DE CLASE

Aquí tienes una ficha. Complétala con tus datos personales.

marroquí
suizo/a
alemán/ana
venezolano/a
inglés/esa
estadounidense
sueco/a
francés/esa

FICHA DE CLASE

FOTO

Apellidos:_____
Nombre: _____
Nacionalidad:_____
D.N.I. o Pasaporte:_____
Asignatura: _____*español*

11. EN CLASE

A. Vamos a conocer el nombre de las cosas de la clase. Escribe los nombres de las cosas que sabes. Pregunta a tus compañeros o al profesor las palabras que quieres conocer.

◇ ¿Cómo se dice esto en español?
★ Cuaderno.
◇ ¿Puedes repetir, por favor?
★ Cuaderno.
◇ ¿Cómo se escribe?
★ C—U—A—D—E—R—N—O.

Cuaderno

B. ¿Y en otras situaciones? ¿Conoces el nombre de las cosas y las expresiones que necesitas? Pregunta al compañero o al profesor.

◇ ¿Cómo se dice "thank you"?
★ Gracias.
◇ ¡Ah! Gracias.

◇ ¿Cómo se dice ☎?
★ Teléfono.
◇ ¿Perdona?
★ Te—lé—fo—no.
◇ Gracias.

◇ ¿Cómo se escribe "por favor"?
★ Con uve.

T TUS COMPAÑEROS DE CLASE

A. En grupos, pregunta a tus compañeros su nombre y nacionalidad. Escríbelo en el cuadro.

Nombre	Apellido	Nacionalidad

Datos personales

¿Cómo te llamas?
¿Cómo se escribe?
¿De dónde eres?

B. Ahora elegid a un portavoz que presente el grupo a toda la clase. Usad las notas del ejercicio anterior.

◇ Me llamo Kate y soy inglesa, éste es Alain y es francés, ésta es Lucy, australiana, y éste es Johan y es holandés.

GRAMÁTICA

0	cero
1	uno
2	dos
3	tres
4	cuatro
5	cinco
6	seis
7	siete
8	ocho
9	nueve
10	diez
11	once
12	doce
13	trece
14	catorce
15	quince
16	dieciséis
17	diecisiete
18	dieciocho
19	diecinueve
20	veinte

El alfabeto español

A a	(a)			
B b	(be)	**Ñ ñ**	(eñe)
C c	(ce)	**O o**	(o)
D d	(de)	**P p**	(pe)
E e	(e)	**Q q**	(cu)
F f	(efe)	**R r**	(erre)
G g	(ge)	**S s**	(ese)
H h	(hache)	**T t**	(te)
I i	(i)	**U u**	(u)
J j	(jota)	**V v**	(uve)
K k	(ka)	**W w**	(uve doble)
L l	(ele)	**X x**	(equis)
M m	(eme)	**Y y**	(i griega)
N n	(ene)	**Z z**	(ceta)

B/V, C/Z, C/QU, G/GU, G/J

sonido B/V
ba, be, bi, bo, bu
banco, Iberia, Bilbao, Bolivia, Burgos
va, ve, vi, vo, vu
Valencia, veinte, televisión, nuevo, vuelta

sonido C/Z
za, ce, ci, zo, zu
Zaragoza, centro, cinco, zoo, Venezuela

sonido C/QU
ca, que, qui, co, cu
caja, peluquería, Quique, Colombia, Cuenca

sonido G/GU
ga, gue, gui, go, gu
García, guerra, Guipúzcoa, Fagor, seguros

sonido G/J
ge, gi
agencia, Egipto
ja, je, ji, jo, ju
La Toja, ejemplo, Jiménez, jota, juego

SER: presente

(Yo)	**soy**
(Tú)	**eres**
(Él/ella/usted)	**es**
(Nosotros/nosotras)	**somos**
(Vosotros/vosotras)	**sois**
(Ellos/ellas/ustedes)	**son**

Demostrativos

Éste es Mario. **Ésta** es María.

Éstos son **Éstas** son
Mario y Claudia. Claudia y María.

Esto es Brasil.

Nacionalidad: masculino y femenino

masculino	femenino
-o	**-a**
corean**o**	corean**a**
suec**o**	suec**a**
colombian**o**	colombian**a**
salvadoreñ**o**	salvadoreñ**a**

-cons.	**-cons. + a**
alemá**n**	aleman**a**
francé**s**	frances**a**
escocé**s**	escoces**a**

no cambian
canadi**ense**
nicaragü**ense**
marroqu**í**
belg**a**

Preguntar el nombre y la nacionalidad

◇ ¿Cómo te llamas?
★ María.
◇ ¿De dónde eres?
★ Española.

○ ¿Cómo se llama?
▲ Joaquín Cortés.
○ ¿De dónde es?
▲ Español.

Frases para la clase

¿Qué significa?
¿Cómo se pronuncia?
¿Cómo se escribe?
¿Cómo se dice "change" en español?
No sé.
¿Puedes repetir?

Opinar y pedir opinión

◇ Olga es española, **¿no?**
★ Sí, **creo que** sí.
○ Yo **creo que** no.

Datos personales

1. UN CARNET DE IDENTIDAD

Éste es el documento nacional de identidad (D.N.I.) de José María.

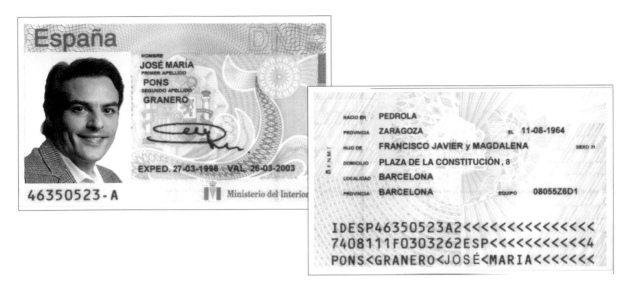

A. ¿De dónde es José María?
¿Cuántos apellidos tiene? ¿Es igual en tu lengua?

B. ¿Conoces otros nombres o apellidos de personas españolas o latinoamericanas?

NOMBRES DE HOMBRE	NOMBRES DE MUJER	APELLIDOS
José María *Francisco Javier*	*Magdalena*	*Pons* *Granero*

C. De los siguientes nombres, ¿puedes decir cuáles son de mujer y cuáles de hombre?

Inés, María José, Consuelo, Jaime, Guillermo, María del Mar, Pilar, Dulce, Soledad, Fabián, Lourdes, Montserrat, Ángel, Diego, Dolores, Santos, Gabriela, Pablo.

2. EN EL MÉDICO

La enfermera hace unas preguntas a Ramón para completar su ficha personal.

 A. Escucha la conversación y separa las preguntas con signos de interrogación.

¿cómo te llamas? y de apellido cuántos años tienes dónde vives en qué número tu número de teléfono

B. Escribe ahora las preguntas correspondientes a cada respuesta.

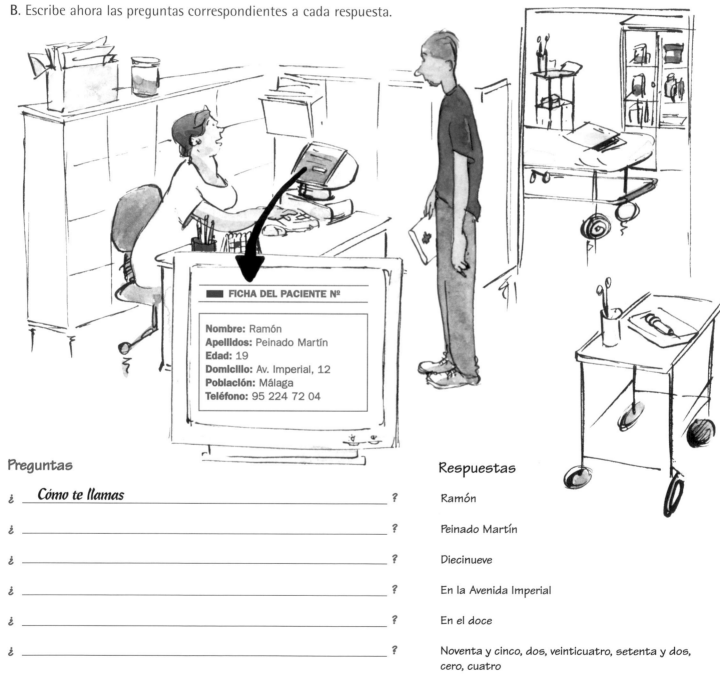

FICHA DEL PACIENTE Nº

Nombre: Ramón
Apellidos: Peinado Martín
Edad: 19
Domicilio: Av. Imperial, 12
Población: Málaga
Teléfono: 95 224 72 04

Preguntas		Respuestas
¿ *Cómo te llamas*	?	Ramón
¿ _____	?	Peinado Martín
¿ _____	?	Diecinueve
¿ _____	?	En la Avenida Imperial
¿ _____	?	En el doce
¿ _____	?	Noventa y cinco, dos, veinticuatro, setenta y dos, cero, cuatro

 C. Escucha de nuevo y comprueba.

3. LA CARTERA DE RAQUEL

Raquel lleva en la cartera tarjetas y papeles de estos lugares:

una librería   un restaurante   un hotel

una universidad   un supermercado   un banco

un hospital

Con tu compañero descubre qué es Crisol, Argentaria...

◇ ¿Qué es Crisol?

★ (Creo que es) una librería.

4. ¿QUÉ HACES? ¿A QUÉ TE DEDICAS?

A. Busca en estos anuncios los siguientes estudios y profesiones: Económicas, azafata, inglés, programador, camarero, Periodismo, vendedor, Derecho, ingeniero, Ciencias Políticas.

COMPAÑIA LIDER EN VENTA DE SEGUROS NECESITA

ESTUDIANTE
de Derecho, Periodismo,
Ciencias Políticas, Económicas.

SE OFRECE:
Excelentes comisiones.
Buen ambiente de trabajo
Formación a cargo de la
empresa.

SE REQUIERE:
Buena presencia.
Disponibilidad a tiempo
parcial.
No necesaria experiencia.

Interesados presentarse con curriculum y foto reciente
en C/ Princesa 2, 1° 1, la semana del lunes 23 al
viernes 27 de junio de 10:00 a 13:00 horas.

SE NECESITAN

AZAFATAS Y BAILARINAS
Mínima 1,70 y 1,75 de
18 a 25 años con muy
buena presencia física
nivel cultural alto y carnet
de conducir para trabajar
en Empresa Multinacional
de promociones.

Interesadas llamar al
Telf.: 556 26 50. De
Lunes a Jueves,
de 12 a 2 h. y
de 17 a 19 h.

EMPRESA DE INSTALACIONES ELECTRICAS
Necesita

INGENIERO TECNICO
Para proyectos, presupuestos
y dirección de obra
☎ 970 739 882

INFORCHIP

Selecciona:

**ANALISTAS
ANALISTAS/PROGRAMADORES
PROGRAMADORES**

Con experiencia mínima de un año
en alguno de los siguientes entornos:

**INTERNET, HTML, CGI, JAVA,
VISUAL BASIC, ACCESS, C, C++
SQL SERVER, NATURAL-ADABAS**

Interesados enviar Curriculum Vitae a:
INFORCHIP RECURSOS HUMANOS
C/ Travesía de Tellez, 1 - 28007 MADRID

INGLES
Super **INTENSIVO** VERANO'97
FRANCES, ALEMAN, ... TODOS LOS IDIOMAS

**EMPRESA INTERNACIONAL FABRICANTE
DE EQUIPOS DE AIRE ACONDICIONADO
DE TIPO INDUSTRIAL, PRECISA:**

4 VENDEDORES
para MADRID

SE PRECISA: • Experiencia en Ventas.
Mejor si es del ramo.
• Vehículo propio.

CONTACTAR: Dpto. Personal
91/ 616 63 50

CAMARERO para restaurante de
hoteles tres estrellas en Madrid.
Enviar curriculum vitae al apartado
9.023 Madrid.

B. Ahora clasifícalos: ¿son profesiones o estudios? Puedes añadir otros.

PROFESIONES

ESTUDIOS

¿Y tú qué haces? ¿A qué te dedicas?

◇ ¿Cómo se dice "engineer" en español?
★ Ingeniero.
◇ Soy ingeniero.

5. ¿DÓNDE TRABAJAS? ¿DÓNDE ESTUDIAS?
Completa la tabla con los datos de seis compañeros de clase.

○ Raymond, ¿qué haces?
▲ Estudio Económicas en Trondheim.
○ ¿Dónde?
▲ En la Universidad de Trondheim.

NOMBRE	¿QUÉ HACE?	¿DÓNDE?
Raymond	Estudia Económicas	Universidad de Trondheim
1		
2		
3		
4		
5		
6		

6. DIRECCIONES

A. Busca y subraya en estos documentos las abreviaturas de: calle, plaza, avenida, paseo, izquierda, derecha, número, señor y señora.

Rte: **Juan Arroyo Yagüe**
C/ Roma, 6, 2º izda.
15403 Ferrol

ATEMSA

Avda. de la Constitución s/n
28012 Madrid

Sr. Martínez Ríos
Pza. de España, 10 1º dcha.
28010 Madrid

FAX

sic LIBROS

A la atención de: *Sra. Fortes*

De: *Sic Libros*

Fecha: Nº de páginas (incluida ésta):

GURSA

Pº de la Alameda nº 8
50020 Zaragoza

Teo Hnos.
C/ Galiano, nº 30 3º izda.
01030 Álava   Zaragoza, 25 de abril del 2004

Estimados Señores:

B. María trabaja en la editorial "Libroplus" y quiere enviar el nuevo catálogo a sus clientes. Escucha cómo habla por teléfono con tres clientes para pedir o confirmar su dirección. Ayúdala y toma nota de las direcciones.

BASE DE DATOS **LIBRO plus**

NOMBRE	APELLIDOS	TELÉFONO	POBLACIÓN	DIRECCIÓN
Ángel	Bermúdez	96/352 54 78	46440 Valencia	Pza. Nueva,5
Raquel	Pinilla	91/420 78 83	Madrid	
Colegio de Arquitectos		948/23 47 00	31070 Pamplona	Pª Galicia, 2
Antonio	Pereira	93/458 65 21	08032 Barcelona	Avda. Gaudí, 64
Sonia	Rovira	95/658 22 46	85400 Sevilla	C/ Almudena, 15

19/10/97
Revista 98

Página: 16 /45   Actualizado: 3/9/97   Mailing Catálogos   ver página siguiente
                                                                                ver página anterior

BASE DE DATOS **LIBRO plus**

C. Ahora prepara los sobres para mandar los catálogos a los tres clientes.

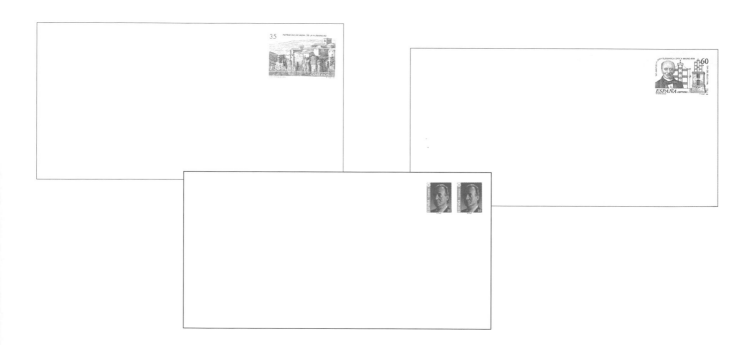

7. ¿DÓNDE VIVES?

Busca entre tus compañeros a alguno que viva en la misma calle, en el mismo número o en el mismo piso que tú.

8. ¿TÚ O USTED?

En español hay una forma de tratamiento más formal, **usted** (Vd.) y otra menos formal, **tú**.

A. Marisa y Robert son estudiantes universitarios. Observa las siguientes situaciones y escribe debajo si usan tú o usted.

1. En clase con una estudiante.

2. En clase con un profesor.

3. En el ambulatorio con una enfermera.

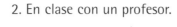

4. En la oficina de Atención al Estudiante.

5. En la oficina con el jefe.

6. En la oficina con un compañero de trabajo.

B. Escucha estas tres situaciones y señala si usan tú o usted.

	TÚ	Usted
1. En el Colegio Mayor ⮕		
2. En la oficina del INEM ⮕		
3. En una óptica ⮕		

9. NOMBRE, APELLIDOS Y DIRECCIÓN

Ramón llama a la Cámara de Comercio para pedir información. La telefonista le pide sus datos personales. Escucha sus respuestas y completa la ficha.

Fecha

ENVÍO DE INFORMACIÓN

Apellidos ....

Nombre ....

Domicilio .... Número ....

Código postal .... Ciudad .... Teléfono ....

Observaciones:

---

10. UN IMPRESO

Tienes un nuevo trabajo. Antes de firmar el contrato tienes que rellenar este impreso.

Datos para el expediente

Rellenar con letra muy clara

1. Datos personales

Apellidos ....

Nombre ....

Estado civil .... Lugar de nacimiento ....

Fecha de nacimiento .... Nacionalidad ....

Dirección .... Teléfono ....

2. Documentos de identificación

Nº de DNI / Nº de pasaporte ....

3. Datos laborales y de formación

Nº de seguridad social ....

Estudios realizados ....

Fecha .... Firma

Estado civil:

casado/a
soltero/a
viudo/a
divorciado/a

LA AGENDA DE LA CLASE

T A. Escribe en esta agenda el nombre de algunos compañeros de clase. Pídeles sus datos personales: dirección, número de teléfono, fax, correo electrónico...

◇ ¿Me das tu dirección, Nancy?
★ Sí. Avenida de Navarra, 34.
  ◇ ¿Y tu teléfono?
  ★ Es un móvil: el 609 85 49 26, y el del trabajo es el
    97 850 49 25.
  ◇ ¿Tienes fax?
  ★ Sí, es el 97 850 48 44. Y también tengo correo electrónico:
    nancysta@nau.uk

◇ ¿Cómo se dice @ ?
★ Arroba.
  ◇ ¿Y cómo se dice ● ?
  ★ Punto.

B. Intercambia con tus compañeros las informaciones que tienes hasta completar la agenda de toda la clase.

GRAMÁTICA

abreviaturas	número ordinal
1º	primero *
2º	segundo
3º	tercero *
4º	cuarto
5º	quinto
6º	sexto
7º	séptimo
8º	octavo
9º	noveno
10º	décimo

* en el primero   en el primer piso
   en el tercero   en el tercer piso

Números del 20 al 99

20	veinte
21	veintiuno
22	veintidós
23	veintitrés
24	veinticuatro
...	...
30	treinta
31	treinta y uno
32	treinta y dos
33	treinta y tres
34	treinta y cuatro
...	...
40	cuarenta
41	cuarenta y uno
...	...
50	cincuenta
51	cincuenta y uno
...	...
60	sesenta
61	sesenta y uno
...	...
70	setenta
71	setenta y uno
...	...
80	ochenta
81	ochenta y uno
...	...
90	noventa
91	noventa y uno

TENER y HACER: presente

TENER

(Yo)	tengo
(Tú)	tienes
(Él, ella, usted)	tiene
(Nosotros/as)	tenemos
(Vosotros/as)	tenéis
(Ellos/as, ustedes)	tienen

HACER

(Yo)	hago
(Tú)	haces
(Él, ella, usted)	hace
(Nosotros/as)	hacemos
(Vosotros/as)	hacéis
(Ellos/as, ustedes)	hacen

Presente de los verbos en -AR

TRABAJAR

(Yo)	trabajo
(Tú)	trabajas
(Él, ella, usted)	trabaja
(Nosotros/as)	trabajamos
(Vosotros/as)	trabajáis
(Ellos/as, ustedes)	trabajan

LLAMARSE

(Yo)	me	llamo
(Tú)	te	llamas
(Él, ella, usted)	se	llama
(Nosotros/as)	nos	llamamos
(Vosotros/as)	os	llamáis
(Ellos/as, ustedes)	se	llaman

Presente de los verbos en -IR

VIVIR

(Yo)	vivo
(Tú)	vives
(Él, ella, usted)	vive
(Nosotros/as)	vivimos
(Vosotros/as)	vivís
(Ellos/as, ustedes)	viven

Preguntar por el trabajo y los estudios

TÚ	USTED
¿Dónde trabajas?	¿Dónde trabaja?
¿Dónde estudias?	¿Dónde estudia?
¿Qué estudias?	¿Qué estudia?
¿A qué te dedicas?	¿A qué se dedica?
¿Qué haces?	¿Qué hace?

Pedir información personal

TÚ	USTED
¿Cómo te llamas?	¿Cómo se llama?
¿Y de apellido?	¿Y de apellido?
¿Cuál es tu apellido?	¿Cuál es su apellido?
¿Cuántos años tienes?	¿Cuántos años tiene?

Pedir la dirección y el teléfono

TÚ	USTED
¿Dónde vives?	¿Dónde vive?
¿En qué número (vives)?	¿En qué número (vive)?
¿En qué piso (vives)?	¿En qué piso (vive)?
¿Me das tu (número de) teléfono?	¿Me da su (número de) teléfono?
¿Tienes fax?	¿Tiene fax?
¿Tienes correo electrónico	¿Tiene correo electrónico?

SER + profesión

Soy ingeniero.

Localizar: EN + lugar

Vivo **en** la calle Atocha.

Vivo **en** el número 3.

Vivo **en** el tercero.

Estudio **en** una escuela de idiomas.

Estudio **en** la Universidad Complutense.

Trabajo **en** un hospital.

Vivo **en** París.

Trabajo **en** BMW.

QUÉ

◇ ¿**Qué** es Crisol?

▲(Es) una librería.

El mundo de la empresa

1. EMPRESAS EN EL MUNDO
A. ¿Sabes de dónde son estas empresas? Coméntalo con tus compañeros.

 NOKIA
 El Corte Inglés
  Telefónica
 SIEMPRE Coca-Cola
 MICHELIN
 HALCON VIAJES

Price Waterhouse

 Banco **Santander**

 MAPFRE

 VW

UNITED COLORS OF BENETTON.

 RENFE

SONY

◇ Oye, ¿Sol Meliá es una empresa española?
★ No lo sé.
○ Sí, creo que sí. ¿Y de dónde es Michelin?
◇ Francesa.

 Sol Meliá

 Nestlé

Apple

B. ¿Sabes cuáles son españolas? Hay siete.

2. TIPOS DE EMPRESA, TIPOS DE ESCUELA
A. Subraya las palabras que entiendes. El dibujo te puede ayudar.

 una academia de idiomas

 una compañía aérea

 una empresa (petro)química

 una escuela de negocios

 una compañía de seguros

 una empresa de alimentación

 una escuela de marketing

 una cadena de tiendas de ropa

 una empresa de informática

 una escuela de turismo

 una cadena de hoteles

 una empresa de telecomunicaciones

 un banco

¿CÓMO SE DICE... EN ESPAÑOL?

B. Puedes preguntar a tu compañero o al profesor lo que no entiendes u otras cosas que quieres saber.

 ◇ ¿Qué significa informática?
★ No sé.
○ Pues, por ejemplo, IBM es una empresa de informática.
◇ Ah, gracias.

3. CIENTO Y PICO

A. Fíjate en los números y escríbelos en letra junto a las fotos.

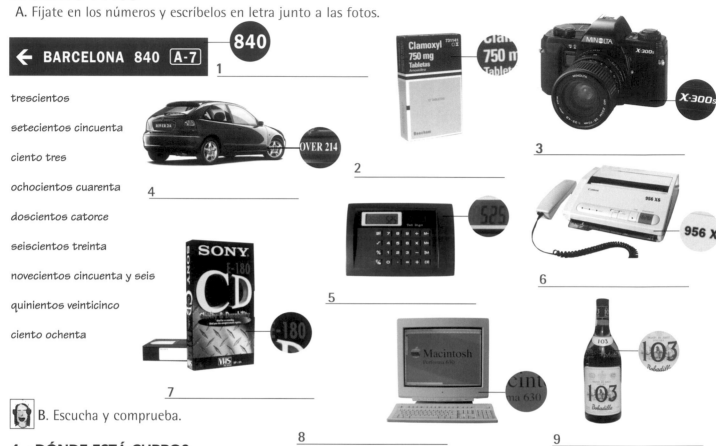

trescientos

setecientos cincuenta

ciento tres

ochocientos cuarenta

doscientos catorce

seiscientos treinta

novecientos cincuenta y seis

quinientos veinticinco

ciento ochenta

B. Escucha y comprueba.

4. ¿DÓNDE ESTÁ CURRO?

Éstas son las fotos de las vacaciones de Curro. ¿Sabes en qué país o ciudad está?
Habla con tu compañero. ¿Estáis de acuerdo?

◇ Aquí está en Egipto.
★ No, yo creo que está en Marruecos, en Casablanca.

5. EMPRESAS

A. Unas personas hablan de su empresa. Ordena las empresas (de 1 a 6)
por orden de aparición.

EMPRESA	TIPO DE EMPRESA	NACIONALIDAD
_____ Damsum	_____	_____
_1___ Gursa	*Compañía de seguros*	*española*
_____ Montelera	_____	_____
_____ Yen Bank	_____	_____
_____ Pereira Irmãos	_____	_____
_____ Von Guten	_____	_____

B. Escucha otra vez y escribe qué tipo de empresa es y la nacionalidad.

C. Comprueba con tu compañero.

6. ¿ESTUDIAS O TRABAJAS?

Escribe en la tabla los datos de tu empresa o tu escuela y la de tus compañeros.
Si no estudias ni trabajas, imagina tu empresa o escuela ideal.

	Mi empresa o escuela	La empresa o escuela de _____	La empresa o escuela de _____	La empresa o escuela de _____	...
Tipo de empresa o escuela					
Nombre					
Nacionalidad					

¿ESTUDIAS O TRABAJAS?
¿Y CÓMO SE LLAMA?
¿DE DÓNDE ES?
TRABAJO EN UNA AGENCIA DE VIAJES.
TRIPI S. A.
ESPAÑOLA.

7. ESPAÑA PRODUCE...
A. ¿Qué sabes de estos países? Relaciona países y frases.

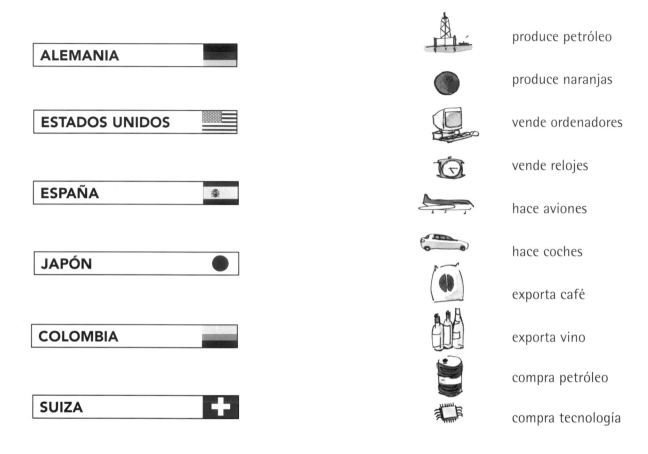

ALEMANIA

ESTADOS UNIDOS

ESPAÑA

JAPÓN

COLOMBIA

SUIZA

produce petróleo

produce naranjas

vende ordenadores

vende relojes

hace aviones

hace coches

exporta café

exporta vino

compra petróleo

compra tecnología

B. Después, compara con tu compañero.

◇ España produce naranjas ¿no?
★ Sí, y Estados Unidos también.

C. ¿Y tu país? ¿Y el de tu compañero?

8. EMPRESAS DE TU PAÍS
Escribe en un papel el nombre de tres empresas de tu país. ¿Conoces las empresas que ha escrito tu compañero? Pregúntale qué tipo de empresas son y a qué se dedican.

◇ ¿Qué es Zara?
★ Es una cadena de tiendas española.
   Vende ropa en España y otros países.

9. HOLDINGS

En parejas A y B.

Alumno A. Imagina que éstas son tus empresas. Completa la tabla. Tú decides.

	Tipo de empresa	Nº de laboratorios, super-mercados, oficinas, fábricas	Nº de empleados
SEGUVIDA			
El árbol			
San José, S.A.			

Pregunta a tu compañero y completa los datos de sus empresas.

◇ ¿Qué es CIRCUS?
★ Es una empresa petroquímica.
◇ ¿Y cuántos laboratorios tiene?
★ 150.

◇ ¿Y cuántos empleados?
★ Unos 500.

Alumno B. Imagina que éstas son tus empresas. Completa la tabla. Tú decides.

	Tipo de empresa	Nº de laboratorios, super-mercados, oficinas, fábricas	Nº de empleados
CIRCUS			
HERMANOS SANZ			
RIOS			

Pregunta a tu compañero y completa la tabla con los datos de sus empresas.

10. ¿QUÉ ES? ¿DÓNDE ESTÁ?

 A. Escucha y relaciona.

SANITAX	un restaurante	el centro de Madrid
ÑAM'S	una tienda de ropa	Barcelona
MASTERPLUS	un hospital	toda España
LA MODE	un supermercado	la calle Sierpes
SUPERECO	una escuela de negocios	la avenida de Castilla

 B. Comprueba con tu compañero.
◇ **Sanitax es un hospital y está en Barcelona.**

11. ANUNCIOS DE EMPRESA

Aquí tienes tres anuncios. Léelos y señala a qué empresa corresponde cada ilustración de abajo. Después compara con tu compañero.

TESA

Es la marca pionera de la industria automovilística española y un líder mundial en el sector del automóvil. Fabrica vehículos desde 1945. Invierte constantemente en tecnología avanzada. Diseña coches seguros, atractivos y de vanguardia. Está en más de 140 países, con fábricas en Barcelona, Los Angeles, Detroit y Tokio.

CHANCLA

CHANCLA es una cadena de 50 tiendas que vende moda en toda España. Más de 300 empleados que ayudan al cliente a elegir lo mejor de la moda. En sus tres fábricas diseña y confecciona la última moda para exportar a toda Europa.

CHANCLA, tus tiendas de moda: ropa y complementos

1

BIONATUR

En Villar del Río 50 personas trabajan la tierra con amor, como es natural. En BIONATUR pensamos que lo primero es la salud. Vendemos productos 100% naturales y 100% ecológicos. Cuidamos la naturaleza.

2

3

¿QUÉ ES? **¿QUÉ HACE?** **¿DÓNDE ESTÁ?** **¿CUÁNTOS/AS... TIENE?**

300 50

4

50

T CREA TU EMPRESA

A. ¿Y tú? ¿Qué tipo de empresa quieres crear en España?

Busca dos o tres compañeros como socios.

◇ Yo quiero crear una cadena de hoteles, ¿y tú?

★ Yo también.
○ Yo, no.

B. Vosotros decidís. Completad esta tabla con la información de vuestra empresa.

¿Qué es?	¿Qué hace?	¿Dónde está?	¿Cuántos/as .... tiene?	¿Cómo se llama?

C. Ahora preparad un anuncio y un logotipo atractivo en un papel para colocarlo en la clase. Dádselo a vuestro profesor.

D. ¿Por qué no preparáis la presentación de vuestra empresa? Luego la podéis hacer en clase. Vuestros compañeros van a descubrir cuál es vuestro anuncio.

NUESTRA EMPRESA SE LLAMA TELECOM. ABM. ES UNA EMPRESA DANESA DE TELECOMUNICACIONES LÍDER EN EL SECTOR, QUE VENDE A TODO EL MUNDO. FABRICA ORDENADORES, TELÉFONOS...

GRAMÁTICA

Números del 100 al 1000

100	cien
200	doscientos
300	trescientos
400	cuatrocientos
500	quinientos
600	seiscientos
700	setecientos
800	ochocientos
900	novecientos
999	novecientos noventa y nueve
1000	mil

¡Atención!

34	treinta **y** cuatro
304	trescientos Ø cuatro
334	trescientos Ø treinta y cuatro

Género de las centenas

200	doscient**os** bancos
	doscient**as** fábricas
900	novecient**os** hoteles
	novecient**as** sucursales

Presente de los verbos en -ER

VENDER

(Yo)	vend**o**
(Tú)	vend**es**
(Él, ella, usted)	vend**e**
(Nosotros/as)	vend**emos**
(Vosotros/as)	vend**éis**
(Ellos/as, ustedes)	vend**en**

La sílaba tónica en presente

FABRICAR

(Yo)	fa**bri**co
(Tú)	fa**bri**cas
(Él, ella, usted)	fa**bri**ca
(Nosotros/as)	fabri**ca**mos
(Vosotros/as)	fabri**cáis**
(Ellos/as, ustedes)	fa**bri**can

VENDER

(Yo)	**ven**do
(Tú)	**ven**des
(Él, ella, usted)	**ven**de
(Nosotros/as)	ven**de**mos
(Vosotros/as)	ven**déis**
(Ellos/as, ustedes)	**ven**den

VIVIR

(Yo)	**vi**vo
(Tú)	**vi**ves
(Él, ella, usted)	**vi**ve
(Nosotros/as)	vi**vi**mos
(Vosotros/as)	vi**vís**
(Ellos/as, ustedes)	**vi**ven

Plural de los sustantivos

singular	**plural**
-vocal	**+ s**
fábric**a**	fábrica**s**
emplead**o**	empleado**s**
oficin**a**	oficina**s**
supermercad**o**	supermercado**s**
-cons.	**+ es**
sucursa**l**	sucursal**es**
hote**l**	hotel**es**
ciuda**d**	ciudad**es**
paí**s**	paíse**s**

Posesivos

mi/s
tu/s
su/s   banco/s
nuestro/a/s   empresa/s
vuestro/a/s
su/s

Pedir información sobre una empresa

¿**Qué** tipo de empresa es?

¿**Qué** hace?

¿**Dónde** está?

¿**Cómo** se llama?

¿**De dónde** es?

¿**Cuántos**	empleados trabajadores laboratorios	tiene?

¿**Cuántas**	empleadas oficinas sucursales	tiene?

SER + nacionalidad

Es   español / española.
inglés / inglesa.
alemán / alemana.

SER + un/a + tipo de empresa

Es	una	compañía de seguros inglesa.
	un	banco alemán.
	una	empresa química holandesa.
	una	escuela de turismo.

ESTAR: localización

Está en	España. 20 países. Madrid y Barcelona. la calle Goya, 115.

También

◇ ¿Qué significa compañía aérea?
★ No sé.
○ Pues, por ejemplo, Iberia es una compañía aérea.
▲ Sí, y British Airways **también**.

◇ España produce naranjas, ¿no?
★ Sí, y Estados Unidos **también**.

◇ Quiero crear una cadena de hoteles, ¿y tú?
★ Yo **también**.

Le presento **al director general**

1. MIS PRÁCTICAS EN ESPAÑA

Erik es un estudiante sueco que ha estado en Barcelona para aprender español y hacer unas prácticas en una empresa. Éstas son algunas de sus fotos.

A. ¿Sabes cómo se llaman las personas de las fotos? Escríbelo.

Ikea: Ángel y Virginia

La clase de español: Philip, Pepa, Naoko y Erik

B. ¿Qué relación tienen con Erik? Coméntalo con tu compañero.

su profesor/a   su novio/a   un *compañero/a de trabajo*

su jefe/a   un amigo/a   un *compañero/a de clase*

◇ **¿Quién es Pepa?**
★ **A mí me parece que es su profesora de español.**

En la playa con Marta y Héctor

C. Erik vuelve a Estocolmo y enseña las fotos en su clase de español. Escucha y escribe las palabras que utiliza para hablar de estas personas.

profesional

responsable   guapo/a

interesante   tímido/a

vago/a   inteligente

competente

simpático/a   trabajador/a

amable   agradable

antipático/a

serio/a   joven

Pepa es _____

Naoko es _____

Ángel es _____

Virginia es _____

Marta es _____

Héctor es _____

2. ÉSTE ES ERIK

 Son los primeros días de Erik en Barcelona. Paco, su compañero de piso, le presenta a otras personas. Escucha y escribe el nombre de esas personas y la relación que tienen con Paco.

1. Es _____
   y es un _____
   de Paco.

2. Es _____
   y es una _____
   de Paco.

3. Es _____
   y es el _____
   de Paco.

4. Es _____
   y es la _____
   de Paco.

Comprueba con tu compañero.

3. EN LOS LABORATORIOS MAYER

Con tu compañero y con ayuda de los dibujos, sitúa en la planta correspondiente las placas de cada departamento.

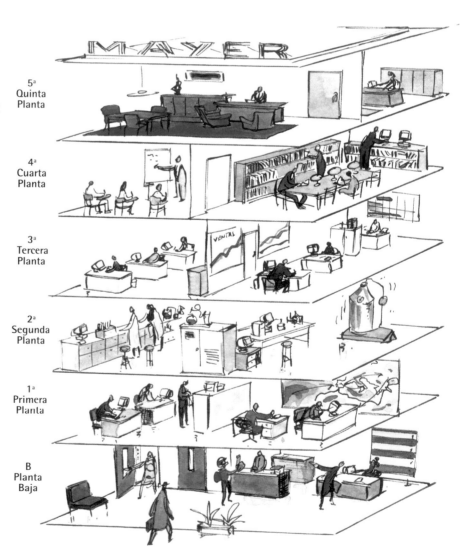

5ª
Quinta
Planta

4ª
Cuarta
Planta

3ª
Tercera
Planta

2ª
Segunda
Planta

1ª
Primera
Planta

B
Planta
Baja

DEPARTAMENTO DE VENTAS Y MARKETING	**RECEPCIÓN E INFORMACIÓN**
DEPARTAMENTO DE FORMACIÓN	**DIRECCIÓN GENERAL**
DEPARTAMENTO DE INVESTIGACIÓN Y DESARROLLO	**ADMINISTRACIÓN Y LOGÍSTICA**

 ◇ Recepción e Información
    están en la planta baja.
  ★ Sí, ¿y el Departamento
    de Formación?

¿Sabes el nombre de otros departamentos?
Pregunta a tus compañeros o a tu profesor.

4. SALUDOS Y DESPEDIDAS

A. Relaciona cada situación con su diálogo correspondiente.

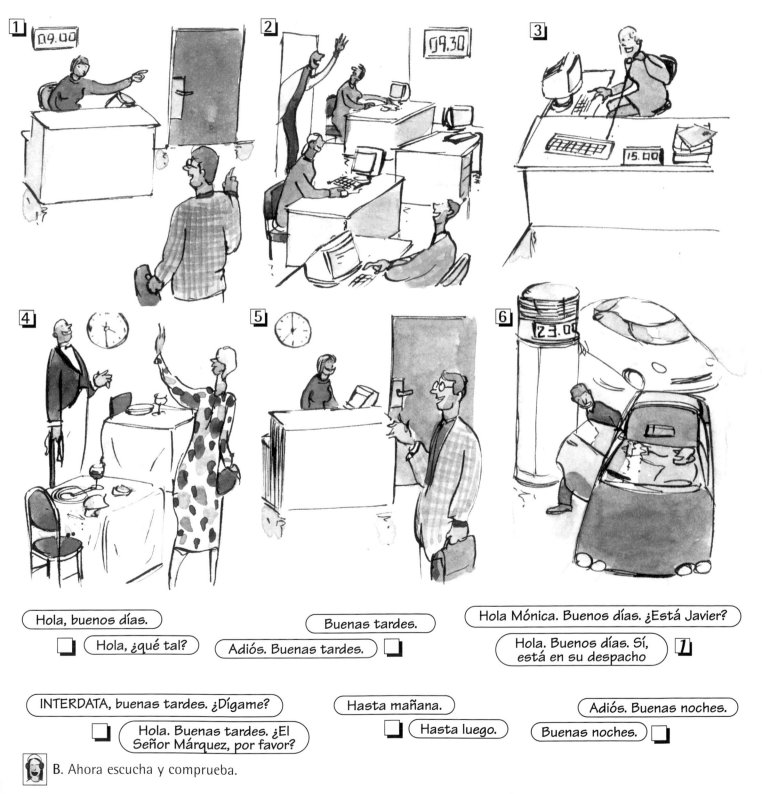

| Hola, buenos días. | Buenas tardes. | Hola Mónica. Buenos días. ¿Está Javier? |

□ Hola, ¿qué tal?   Adiós. Buenas tardes. □   Hola. Buenos días. Sí, está en su despacho **1**

INTERDATA, buenas tardes. ¿Dígame?   Hasta mañana.   Adiós. Buenas noches.

□ Hola. Buenas tardes. ¿El Señor Márquez, por favor?   □ Hasta luego.   Buenas noches. □

B. Ahora escucha y comprueba.

5. UN DÍA DE TRABAJO

Trabajas como comercial en una empresa de telecomunicaciones. Aquí tienes tu agenda de trabajo para hoy, 13 de junio. Fíjate en la hora y piensa qué dirías en estas situaciones. Escríbelo y después compara con otros compañeros.

1. Llegas a ERICSSON.
Pregunta por el Sr. Bitling.

_____

_____

2. Llamas a tu oficina.
Pregunta por Marta (tu compañera).

_____

_____

3. Llegas a NOKIA.
Pregunta por el Sr. Malimaa.

_____

_____

4. Llamas a TELEFÓNICA.
Pregunta por la Sra. Estrella.

_____

_____

5. Llegas a tu oficina.
Pregunta por Julio (tu compañero).

_____

_____

13 de JUNIO
MARTES

San Antonio de Padua

8   8
9   9
10   10
11 *ERICSSON:*   11
    Sr. Bitling
12 *Marta (teléfonos)* 12
12:30 *NOKIA: Sr.*
13   *Malimaa*   13
14   14
15   15
16   16
17:30 *TELEFÓNICA:* 17
    Sra. Estrella
18   18
19 *Julio (móviles)* 19
20   20

6. REUNIÓN CON EL NUEVO PRESIDENTE

En los laboratorios Mayer hay una reunión para presentar el nuevo presidente a otros directivos de la empresa.

A. Escucha la presentación y coloca los carteles en el lugar que corresponde.

Jefe de Ventas   Jefe de Administración   Director general

Jefe de Investigación y Desarrollo   Directora de Formación

Eduardo Higueras

Antonio Argumosa   Matilde Corral   Sr. Álvarez de Yraola

Felipe Gutiérrez

Arancha Solchaga

B. Compara con tu compañero.

7. EL PERSONAL DE PHILIS EN ZARAGOZA

Éstas son las personas que trabajan en la nueva oficina de Philis en Zaragoza.
Trabajad en parejas A y B.

Alumno A. Conoces a estas personas. ¿Qué cargo tienen en Philis? Tú decides.

Manuela Gil   Pablo Moreira   Fernando López   Gerardo Ruiz   Isabel Moya

Secretaria de dirección • Ingeniero de proyectos • Director comercial (lleva el Departamento de Ventas) • Jefe de Personal (lleva el Departamento de Personal) • Directora financiera (lleva el Departamento de Administración y Finanzas)

Alumno B. Conoces a estas personas. ¿Qué cargo tienen en Philis? Tú decides.

Concha Sevilla   David Rodrigo   Daniel Zamora   Ricardo Sánchez   Mª José Yagüe

Programadora • Técnico de sistemas • Jefe de Contabilidad (lleva el Departamento de Contabilidad) • Directora de Producción (lleva el Departamento de Producción) • Director de Relaciones Externas (lleva el Departamento de Relaciones Externas)

Ahora pregunta a tu compañero para conocer a todo el personal de Philis.

◇ ¿Quién es Concha Sevilla?
★ Lleva el Departamento de Producción.
○ ¡Ah! Es la directora de Producción.

8. TARJETAS DE VISITA

Éstas son las tarjetas de visita de algunos trabajadores de los periódicos CAMBIO y ACB.

CAMBIO

Juan Moral Blanco
Redactor

De la Prensa, 16, 3ª pl. 18010 Granada.
Tel. 958 380736 Ext. 30

CAMBIO

Francisco Bermúdez Brown
Redactor

De la Prensa, 16, 2ª pl. 18010 Granada.
Tel. 958 380736 Ext. 20

CAMBIO

Blanca Peris Sanz
Periodista

De la Prensa, 16, 3ª pl. 18010 Granada.
Tel. 958 380736 Ext. 31

CAMBIO

Francisco García Rubio
Periodista

De la Prensa, 16, 2ª pl. 18010 Granada.
Tel. 958 380736 Ext. 21

A C B

Carlos Alcaide Zamora
Redactor

Del Papel, 5, 3ª pl.
29805 Málaga
Tel. 95 5087722 Ext. 30

A C B

Iván Leis Espino
Redactor

Del Papel, 5, 2ª pl.
29805 Málaga
Tel. 95 5087722 Ext. 20

A C B

Ignacio Vergara Navarro
Periodista

Del Papel, 5, 3ª pl.
29805 Málaga
Tel. 95 5087722 Ext. 31

A C B

Carmen Díaz Casanova
Periodista

Del Papel, 5, 2ª pl.
29805 Málaga
Tel. 95 5087722 Ext. 21

Elige la tarjeta de un trabajador. Tu compañero tiene que descubrir de qué
persona se trata.

◇ ¿Dónde trabaja?
★ En ACB.
◇ Y... ¿qué hace?
★ Es periodista.

◇ ¿Y en qué planta trabaja?
★ En la segunda.
◇ ¿Es Carmen Díaz?
★ Sí.

9. AMIGOS, FAMILIA Y COMPAÑEROS

A. Escribe tu nombre en el círculo del centro y en los otros círculos el nombre de
personas que tienen alguna relación contigo. Después piensa:

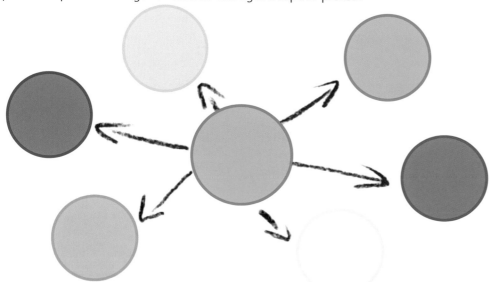

¿Quién es?
¿Qué hace?
¿Cómo es?
¿De dónde es?
¿Dónde vive?
¿Dónde trabaja?

B. En parejas. Tu compañero te va a hacer preguntas para saber quién es cada persona.

◇ ¿Quién es Juan?
★ Es un amigo mío, compañero de la Universidad, muy buena persona.
◇ ¿Y qué hace?
★ Es ingeniero, trabaja en una empresa constructora en Valencia.

10. RECEPCIÓN EN LA CÁMARA DE COMERCIO

En la Cámara de Comercio de Madrid hay una cena de empresas extranjeras que trabajan en España. En el cóctel algunas personas presentan a sus amigos, conocidos y colegas.

A. Relaciona las frases con la presentación correspondiente.

Mire, señor Olmos, le presento a la señora Dubois, la directora comercial de Michelín.

Ricardo, mira, te presento a Nuria Gómez, una compañera mía.

Mira Ernesto, éste es Ramiro, el jefe de Ventas de Tecsa.

Señor González le presento al nuevo director financiero de Canon, el señor Futura.

 B. Escucha y comprueba.

11. ¡ENCANTADO!
A. Javier también está en el cóctel de la Cámara de Comercio de Madrid.
¿Qué dice cuando un compañero de trabajo le presenta a estas personas?

Mira, ésta es Emilia, una amiga mía.

¡Hola!

Te presento a Daniel, mi compañero de despacho.

¡Hola! ¿Qué tal?

Te presento al señor Soria, el jefe de departamento.

Encantado.

B. Compara con tus compañeros.

 C. Ahora te toca a ti. Escucha las presentaciones siguientes y reacciona.

12. ¿CONOCES A...?
Aquí tienes dos presentaciones, una más formal (A, B, C, D, E) y otra menos formal
(1, 2, 3, 4, 5).
A. Ordénalas y después compara con tu compañero.

☐ ○ Sra. Michelli, le presento al Sr. Asensio.

☐ ★ ¿Ah sí? ¿Aquí en La Coruña?
◇ Sí, en Juan Flórez.

1 ○ ¿Conoces a Luis?
▲ ¿Luis? Pues... no, no lo conozco.
○ Pues ven, que te lo presento.
▲ Bueno.

☐ ◇ Hola, ¿qué tal?
★ Hola.

☐ □ Luis también es periodista.

A ○ ¿Conoce a la Sra. Michelli?
▲ Pues no, no la conozco.
○ Pues, si quiere, se la presento.
▲ Ah, pues sí. Muy bien.

☐ ◇ ¿Ah sí? ¿Y dónde trabajas?
★ Pues ahora estoy en EL PAÍS. ¿Y tú?

☐ □ Mira, Luis. Éste es Rainer, mi compañero de piso.

☐ ★ Encantada.
◇ Encantado.

☐ ○ El Sr. Asensio trabaja en ORDENAPLUS,
lleva el Departamento de Recursos Humanos.

 B. Escucha y comprueba.

PRESENTACIONES

A. En grupos de tres: A, B y C.

El alumno A va a presentar a B y C, pero antes:

A, B y C Vosotros decidís dónde estáis.	A y B Vosotros decidís qué relación tenéis.	A y C Vosotros decidís qué relación tenéis.
❑ en una fiesta en casa de A ❑ en una comida de negocios ❑ en un congreso ❑ en un bar ❑ en la oficina de _____ ❑ en la escuela/facultad ❑ otros	❑ novio/a ❑ hermano/a ❑ jefe/a ❑ profesor/a ❑ amigo/a ❑ compañero/a de _____ ❑ conocido/a ❑ otros Otra información personal de B:	❑ novio/a ❑ hermano/a ❑ jefe/a ❑ profesor/a ❑ amigo/a ❑ compañero/a de _____ ❑ conocido/a ❑ otros Otra información personal de C:

B. Después de la presentación, intentad mantener una pequeña conversación.
¿Qué sabéis preguntar en español?

GRAMÁTICA

Los posesivos

1ª persona	mi	mío/mía
2ª persona	tu	tuyo/tuya
3ª persona	su	suyo/suya

Éste es **mi** hermano.   Éste es un amigo **mío.**
Ésta es **mi** hermana.   Ésta es una amiga **mía.**

Saludos y despedidas

¡Hola!
(¡Hola!) ¿Qué tal?
(¡Hola!) ¡Buenos días!
(¡Hola!) ¡Buenas tardes!
(¡Hola!) ¡Buenas noches!

¡Hasta luego!
¡Hasta mañana!
¡Adiós! ¡Hasta luego!
(¡Adiós!) ¡Buenos días!
(¡Adiós!) ¡Buenas tardes!
(¡Adiós!) ¡Buenas noches!

SER + cargo

Es la directora de Producción.
David Rodrigo **es** el jefe de Personal.

LLEVAR

Función de una persona en una empresa
⋄ ¿Y tú que haces?
★ **Llevo** el Departamento de Inglés en una academia de idiomas.

○ ¿Quién **lleva** la contabilidad?
▲ Ángel.

Identificar a alguien

el/la: solo hay uno
Maite Redondo es **la** nueva directora.
El Sr. López es **el** gerente de NOKIA.

un/a: hay más de uno
Óscar es **un** compañero de trabajo.
Juana es **una** secretaria de mi empresa.

Preguntar por la identidad de alguien

⋄ ¿Quién es Concha Sevilla?
★ Es la nueva directora del Departamento de Producción.
⋄ ¿Y quién lleva el Departamento de Ventas?

Hablar del carácter de alguien

características positivas

Juan			amable.
	es	**muy**	profesional.
Mila			simpático/a.

características negativas

José		**muy**	tímido/a.
	es	**un/a**	irresponsable.
Inés		**un poco**	vago/a.

Pedir información de una tercera persona

¿**De dónde** es?

¿**Dónde** trabaja?

¿**Qué** hacc?

¿**Dónde** vive?

¿**Cómo** es?

Preguntar por alguien

◇ ¿Está Luis?
★ Sí, un momentito.

○ ¿(Está) el Sr. Mateo, por favor?
▲ Sí, en la 3ª planta, Administración.

▱ ¿(Está) la Sra. Rodríguez?
■ No, ahora no está.

Presentaciones

menos formal
(Mira), éste es Pedro, mi compañero de trabajo.
(Mira), ésta es Olga, una amiga mía.

más formal
(Mira), te presento a María Eugenia, mi novia.
(Mire), le presento a la Sra. Osuna,
la nueva directora.

Reacción a una presentación

menos formal
¡Hola!
¡Hola! ¿Qué tal?

más formal
Encantado/a.

5

De gestiones

1. ESTABLECIMIENTOS

A. Aquí tienes varios establecimientos españoles. ¿Sabes cómo se llaman?

B. Observa las fotos y marca en la tabla dónde puedes comprar sellos, abrir una cuenta, etc. Si quieres saber dónde puedes hacer otras cosas, pregunta a tus compañeros o a tu profesor.

	Estanco	Kiosco	Oficina de Correos	Agencia de viajes	Banco	Oficina de cambio
Comprar sellos	X					
Abrir una cuenta						
Cambiar dinero						
Comprar periódicos						
Comprar una tarjeta de teléfono						
Enviar un paquete						
Reservar un billete de autocar/avión/tren						

 ◇ ¿Dónde puedo comprar sellos?
★ En un estanco y también en una oficina de Correos.

C. ¿Sabes cuál es el horario de los establecimientos en España? Pregunta a tus compañeros o al profesor.

estancos
kioscos
oficinas de Correos
agencias de viajes
bancos
...

◇ ¿Cuál es el horario de los estancos en España?
★ No sé, creo que de nueve a dos y de cinco a ocho y media.

2. UNA NOTA DE UN COMPAÑERO

Walter ha recibido esta nota de un compañero de trabajo para informarle de la presentación de un nuevo producto.

> Walter:
>
> Esta tarde a las 19.30 tenemos que ir a la presentación del nuevo modelo de Nokia, en el Hotel Palace. Está muy cerca de Atocha, en la fuente de Neptuno, entre la estación y la plaza de Cibeles, al lado del Museo Thyssen. El 27 pasa justo delante. Yo termino a las 19.00. Si quieres, vamos juntos.
> ¡Hasta luego!
>
> José Luis

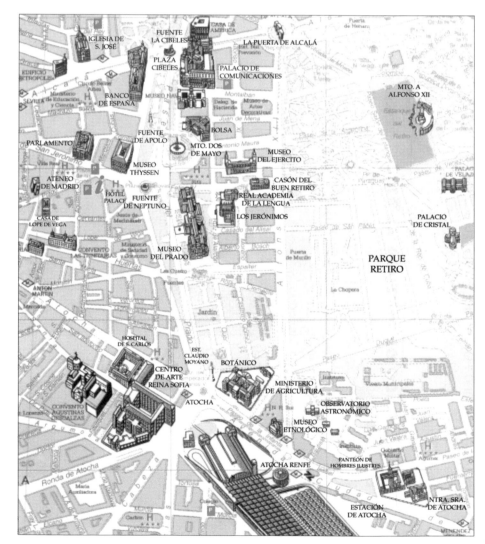

A. Señala en el plano:

- la estación de Atocha,
- la fuente de Neptuno,
- la plaza de Cibeles,
- el Museo Thyssen,
- el Hotel Palace.

B. Comenta con tu compañero.

◇ Aquí está la estación de Atocha.

3. EN DISEÑO GRÁFICO "CIRCUS, S.A."

A. ¿Sabes cómo se llaman los objetos de oficina que hay en las mesas de Enrique, Nacho y Cristina? Pregunta a tu compañero o al profesor.

◇ ¿Sabes cómo se llama esto?
★ No sé... en francés se llama "crayon".

> tijeras
> regla   bolígrafo
> celo   clips
> rotulador   sellos
> lápiz   sobres
> goma   disquetes
> hojas   grapadora

 B. En Circus los diseñadores piden algunas cosas a sus compañeros. Escucha y señala en el dibujo las cosas que piden.

C. Elige una mesa. Habla con tu compañero de las cosas que hay en ella. Pídele que descubra si es la mesa de Enrique, Nacho o Cristina.

◇ Hay un rotulador, unas hojas, una regla, unas tijeras...
★ ¿La mesa de Enrique?
◇ Sí.

4. CAMBIO DE OFICINA

A. Circus tiene una nueva oficina. Es difícil encontrar algunas cosas. Enrique busca: las tijeras, el celo, los sellos, el rotulador, la grapadora y la calculadora. ¿Puedes ayudarle?

al lado de los sobres
encima de una caja
en el cajón
detrás del teléfono
delante del teléfono
debajo de las hojas

 B. Escucha y comprueba.

C. Vamos a jugar al escondite. En parejas: uno esconde un disquete en la oficina de Circus. El otro tiene que descubrir dónde está.

◇ ¿Está encima de la mesa?
★ No.
◇ ¿En el cajón?

★ No.
◇ ¿Al lado de la calculadora?
★ ¡Sí!

5. OBJETOS DE OFICINA

Dibuja seis objetos de oficina en seis tarjetas. De pie, tienes dos minutos para pedir objetos de oficina a tus compañeros de clase. A ver quién consigue más cosas.

◇ ¿Tienes un lápiz?
★ Pues no, no tengo. Y tú, ¿tienes un bolígrafo?
◇ Sí, toma.

6. DEPARTAMENTOS Y DESPACHOS

En parejas A y B.
Trabajáis en una importante compañía de seguros. Sois nuevos en el edificio.

Alumno A
Trabajas en la 4ª planta.
Piensa dónde están:
- la fotocopiadora
- los servicios
- el despacho del Sr. Castellanos
- el despacho del director comercial
- Contabilidad

Alumno B
Trabajas en la 5ª planta.
Piensa dónde están:
- la máquina de café
- la sala de reuniones
- el despacho de la Sra. Ruiz
- el despacho de la subdirectora
- Administración

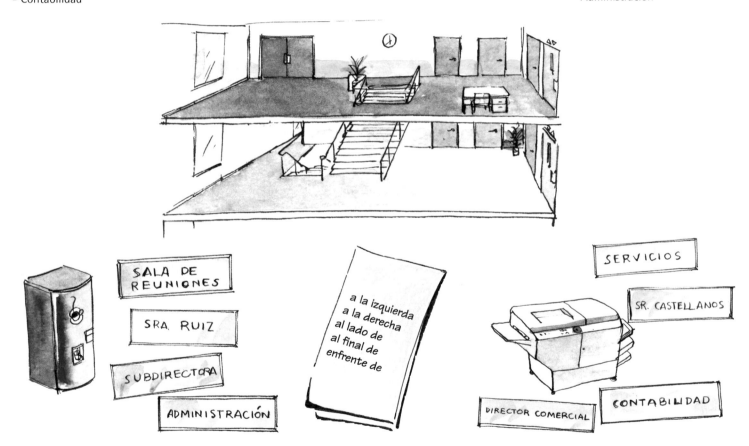

SALA DE REUNIONES

SRA. RUIZ

SUBDIRECTORA

ADMINISTRACIÓN

a la izquierda
a la derecha
al lado de
al final de
enfrente de

SERVICIOS

SR. CASTELLANOS

DIRECTOR COMERCIAL

CONTABILIDAD

Tienes que subir a la 5ª planta y
necesitas saber dónde están:
- la máquina de café
- la sala de reuniones
- el despacho de la Sra. Ruiz
- el despacho de la subdirectora
- Administración

Pregúntale a tu compañero.

Tienes que bajar a la 4ª planta y
necesitas saber dónde están:
- la fotocopiadora
- los servicios
- el despacho del Sr. Castellanos
- el despacho del director comercial
- Contabilidad

Pregúntale a tu compañero.

 ◇ Oye, ¿sabes dónde está la máquina de café?
★ Sí, está enfrente de las escaleras.

 ◇ ¿Sabes dónde está la fotocopiadora?
★ Sí, al final del pasillo.

7. UN CENTRO COMERCIAL

A. Mira este anuncio de Área Central y comenta con tu compañero cuántos establecimientos de cada tipo hay.

restaurantes   agencias de transportes   salas de cine   tiendas de electrodomésticos
tiendas de ropa   agencias de viajes   zapaterías   tiendas de telefonía móvil
entidades bancarias

◇ **Hay dos restaurantes: Telepizza y Mc Donald's.**
★ **Pues yo creo que hay tres.**

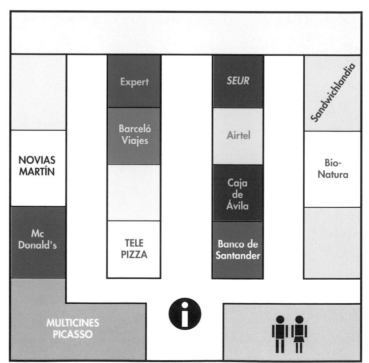
B. En Área Central un cliente busca algunas tiendas y pregunta en Información. Escucha y señala en el plano dónde están:

Benetton
Modas Pascual
Zapatolandia
Hipermercado Continente

C. Comprueba con tu compañero.

8. SERVICIOS, PRODUCTOS Y PRECIOS

A. Observa dónde están las personas de los dibujos y busca una respuesta para cada situación.

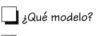

☐ ¿Qué modelo?

☐ No, no tenemos.

☐ En euros, ¿no?

☐ ¿Urgente?

☐ Sí, aquí mismo. ¿Tiene su pasaporte?

 B. Escucha y comprueba

9. PRÁCTICAS EN UNA EMPRESA

A. Vuestra escuela os ha enviado a hacer unas prácticas en la empresa URBEN, en la calle Miguel Ángel, 10. ¿Sabéis dónde está? Marcadlo en el plano.

B. Ahora observad el plano para descubrir qué hay cerca de URBEN.

 Museo

 Oficina de Correos

Parking

 Estación de Metro

 Comisaría de Policía

 Gasolinera

◇ Mira, hay un parking justo al lado.

GESTIONES

A. Haz una lista con los establecimientos y servicios que crees más necesarios en un barrio. Por ejemplo, una estación de metro, una parada de taxis, una farmacia...

B. Aquí tienes dos planos de dos barrios. En parejas, elegid cada uno un barrio.

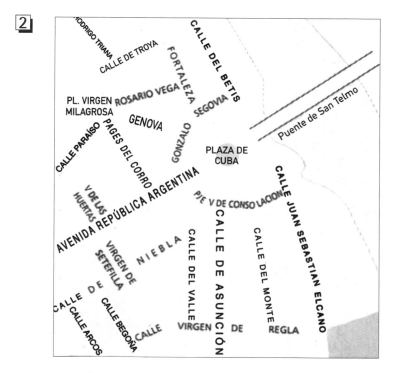

C. Sitúa en el plano de tu barrio los establecimientos y los servicios de la lista que
has escrito en el apartado A. Puedes poner una letra o inventarte símbolos.

D. Escribe dónde puedes hacer estas gestiones.

GESTIONES	¿DÓNDE?
1. Aparcar el coche.	
2. Comprar un par de zapatos.	
3. Limpiar un traje.	
4. Comprar una tarjeta de teléfono.	
5. Hacer una transferencia.	
6. Coger un taxi.	
7. Poner gasolina.	
8. Comprar unas flores.	
9. Comer con un cliente.	
10. Enviar un paquete.	
11. Comprar un periódico.	
12. Cambiar dinero.	

E. Hoy tienes que hacer unas gestiones en el barrio de tu compañero. Escoge por
lo menos seis y pregúntale dónde puedes hacerlas.

◇ ¿Dónde está la oficina de Correos?
★ En mi barrio no hay.
◇ ¿Y dónde puedo coger un taxi?
★ Pues hay una parada...

GRAMÁTICA

La una.
Las dos.
Las tres **y** cinco.
Las tres **y** cuarto.
Las tres **y** media.
Las tres **menos** cuarto.
Las tres **menos** diez.

Localizar

Expresiones para localizar

en   el cajón

entre   la estación y Correos

cerca		
al lado		el banco *
delante		el ordenador *
encima		la mesa
debajo	**de**	los folios
detrás		las tijeras
a la izquierda		la fotocopiadora
a la derecha		la oficina de Correos
al final		tu casa
enfrente		

*de + el = **del**

ESTAR
el/la/los/las

★ Aquí **está la** estación de Atocha.

★ ¿Sabes dónde **está la** fotocopiadora?
◇ Sí, al final del pasillo.

HAY
un/una/uno/unos/unas

★ Mira, **hay un** aparcamiento justo al lado.

★ En la mesa de Enrique **hay un** rotulador y
unas tijeras.

PODER: presente

(Yo)	p**ue**do
(Tú)	p**ue**des
(Él, ella, usted)	p**ue**de
(Nosotros/as)	podemos
(Vosotros/as)	podéis
(Ellos/as, ustedes)	p**ue**den

◇ ¿Dónde **puedo** comprar sellos?
✦ En un estanco y también en una
oficina de Correos.

SABER: presente

(Yo)	**sé**
(Tú)	sabes
(Él, ella, usted)	sabe
(Nosotros/as)	sabemos
(Vosotros/as)	sabéis
(Ellos/as, ustedes)	saben

◇ ¿**Sabes** dónde está la fotocopiadora?
✦ Sí, al final del pasillo.

◇ ¿**Sabes** cómo se llama esto?
✦ No **sé**... en francés se llama "crayon".

IR: presente

(Yo)	**voy**
(Tú)	**vas**
(Él, ella, usted)	**va**
(Nosotros/as)	**vamos**
(Vosotros/as)	**vais**
(Ellos/as, ustedes)	**van**

Si quieres, **vamos** juntos.

TENER QUE + infinitivo

	TENER	
(Yo)	**tengo**	
(Tú)	**tienes**	
(Él, ella, usted)	**tiene**	**que + infinitivo**
(Nosotros/as)	**tenemos**	
(Vosotros/as)	**tenéis**	
(Ellos/as, ustedes)	**tienen**	

Esta tarde a las 19.30 **tenemos que ir** a la presentación del nuevo modelo de Nokia, en el Hotel Palace.

Hablar de horarios

★ ¿**Cuál es el horario de** los estancos en España?
◇ No sé, creo que **de** nueve **a** dos y **de** cinco **a** ocho y media.

Solicitar un servicio

¿**Para** abrir una cuenta, **por favor**?
Quería cambiar 300 $.
Quería enviar esta carta certificada.

Preguntar el precio

¿**Cuánto cuesta** alquilar un BMW un fin de semana?

Pedir un objeto

★ ¿**Tienes** un lápiz?
◇ Pues no, no tengo.
  Y tú, ¿**tienes** un bolígrafo?
★ Sí, toma.

★ ¿**Tienen** sobres?
◇ No, no tenemos.

Locales y oficinas

1. UN BUEN HOTEL

A. Éste es el folleto del hotel Rabada.

Antes de leerlo, sólo mirándolo, ¿qué sabes del hotel? Coméntalo con tus compañeros.

◇ **Es un hotel moderno.**
★ **Y tiene un restaurante.**

HOTEL RABADA★★★★

El hotel Rabada ★★★★ le da la bienvenida y le ofrece una estancia excepcional en sus habitaciones en un ambiente funcional y acogedor.
Durante su estancia puede disfrutar cada mañana de nuestro desayuno-buffet con dulces, frutas y zumos naturales. El chef de nuestro restaurante le recomienda una carta de especialidades y una bodega de vinos y cavas.
Los salones de reuniones, cómodos y agradables, completan unas instalaciones en primera línea de la hostelería internacional.

Instalaciones:
- 120 habitaciones
- 6 suites
- Sala de convenciones
- Business-Center
- Salones para reuniones
- Parking propio
- Restaurante. Cocina catalana
- Bar-Cafetería
- Desayuno-Buffet
- Aire acondicionado
- TV y Canal +
- Antena parabólica

Situación y características:
en las Ramblas, junto a la plaza Cataluña, en el mismo centro de Barcelona. Un hotel moderno, con ambiente, pensado para el hombre de negocios.

HOTEL RABADA★★★★

Fortuny, 23. 08001 Barcelona
Tel. 93 576 08 00
Fax 93 575 24 26

Hotel PEB-IBERO/HOTELSGOLD
Centrales de Reservas:
Barcelona: Tel. 93 512 14 14
Madrid: Tel. 91 831 66 25
Valencia: Tel. 96 941 22 88

B. Subraya en el texto la información del hotel relacionada con las fotos.

C. Ahora que conoces el hotel puedes completar este cuadro. ¿Cómo es? ¿Dónde está? ¿Qué tiene?

⊞ HOTEL RABADA★★★★		
ES	**ESTÁ**	**TIENE**

D. Un español recomienda a su amigo extranjero el hotel Rabada. Escucha la conversación y señala en tu cuadro la información que oyes. Escucha otra vez y añade información nueva.

2. ¿EN LA CIUDAD O EN LAS AFUERAS?

A. Conchi y Matt trabajan juntos y están casados. Su empresa los ha trasladado a Madrid y necesitan una vivienda. ¿Qué tipo de vivienda prefiere cada uno?

SRA. AMOR, LUNES 26. 19:30
METRO DIEGO DE LEON, SALIDA AZCONA
3 DORMITORIOS, 100 METROS

120.000 €

LAS ENCINAS, A 30 KM DE MADRID
4 DORMITORIOS
2 BAÑOS
150 M2
JARDÍN   200.000 €

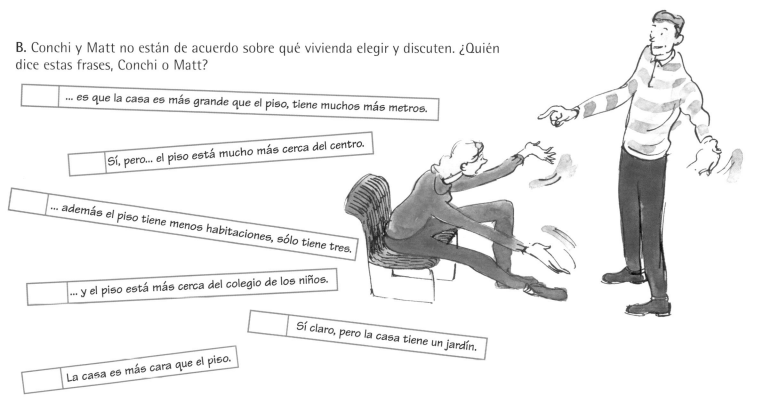

B. Conchi y Matt no están de acuerdo sobre qué vivienda elegir y discuten. ¿Quién dice estas frases, Conchi o Matt?

... es que la casa es más grande que el piso, tiene muchos más metros.

Sí, pero... el piso está mucho más cerca del centro.

... además el piso tiene menos habitaciones, sólo tiene tres.

... y el piso está más cerca del colegio de los niños.

Sí claro, pero la casa tiene un jardín.

La casa es más cara que el piso.

3. ¿COMPRAR O ALQUILAR?
A. Lee el texto y completa el gráfico con los porcentajes y los países que faltan.

Según un estudio realizado recientemente por la Unión Europea, sólo el 15 % de los españoles opta por alquilar un piso si no puede comprarlo. En Alemania casi el 60 % de la población vive en pisos de alquiler, mientras que en Francia esa cifra es sólo de un 37 %. Los más reacios son los griegos; únicamente un 3,7 % prefiere no comprar casa.

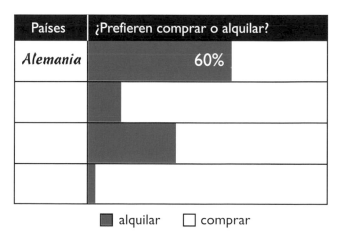

Países	¿Prefieren comprar o alquilar?
Alemania	60%

■ alquilar   ☐ comprar

B. Ahora vamos a salir a la calle para conocer la opinión de algunos españoles. Señala en la tabla si prefieren comprar o alquilar.

	1	2	3	4	5
Comprar					
Alquilar					

4. BUSCO PISO

Iván llama por teléfono para pedir información sobre dos anuncios de pisos que le interesan.

A. Lee los anuncios y escribe en la ficha técnica la información que tienes.

BARRIO DEL PILAR,
exterior, reformado, tres dormitorios, dos baños, gran salón, calefacción, trastero, precio a convenir.
Tel. 91 4319609

BARRIO DE LA CRUZ,
90 metros, 3 dormitorios, ascensor.
Tel. 91 5714488

FICHA TÉCNICA

Piso:	Baños:
Dormitorios:	m²:
Altura:	Precio:
Años:	

Características:
- ❏ Exterior
- ❏ Reformado
- ❏ Garaje
- ❏ Calefacción
- ❏ Trastero
- ❏ Interior
- ❏ Necesita reformas
- ❏ Terraza
- ❏ Aire Acondicionado
- ❏ Ascensor

FICHA TÉCNICA

Piso:	Baños:
Dormitorios:	m²:
Altura:	Precio:
Años:	

Características:
- ❏ Exterior
- ❏ Reformado
- ❏ Garaje
- ❏ Calefacción
- ❏ Trastero
- ❏ Interior
- ❏ Necesita reformas
- ❏ Terraza
- ❏ Aire Acondicionado
- ❏ Ascensor

 B. Escucha la conversación de Iván con los vendedores y completa la información.

5. EL DESPACHO DEL JEFE

El jefe ha cambiado la decoración de su oficina. La puerta está abierta...
¿Qué te parece? Coméntalo con tus compañeros.

la alfombra
la mesa del jefe
la mesa de la secretaria
las cortinas
las sillas
el teléfono
la lámpara
el ordenador
el cuadro
los sillones
el reloj

grande
pequeño
moderno
clásico
cómodo
incómodo
bonito
feo
original

+ demasiado
muy
ø
bastante

◇ Mira la lámpara, es muy clásica, ¿no?
★ Sí, es bastante fea.

6. VUESTRO NUEVO DESPACHO

Tu compañero y tú tenéis un nuevo despacho, pero está casi vacío. El jefe os da estas opciones para elegir los muebles y el material. Decidid qué compráis.

SOMY
Máxima resolución. 128 Mb de RAM. Monitor de 14". Sonido de 16 bits compatible con Sound Blaster y CD Rom 32x. **1.195€**

ANTIFONI
Lámpara de trabajo. Bombilla halógena de 50 W. **49€**

FRAS
Reloj de pared de plástico, 25,5 cm. **12€**

KRISTOFER
Silla giratoria con ruedas. Asiento y respaldo de algodón 100%. **165€**

VARDE
Cajonera de madera de abedul. **420€**

HELMER
Cajonera metálica. **75€**

GLOBAL
Lámpara de trabajo. Incluye bombilla de ahorro de energía de 11 W. **20€**

LALLE
Silla giratoria con ruedas. Asiento y respaldo de madera, estructura de acero. **35€**

H. BACKARD
Portátil con procesador de bajo consumo. Memoria RAM desde 8 a 64 Mb. Pantalla color de 11,8". **2.395€**

DEKAD
Reloj de pared. Vidrio y metal, 22 cm. **18€**

cuesta /n
el doble (x2)
el triple (x3)
la mitad (1/2)
lo mismo (=)

◇ ¿Qué ordenador prefieres?
★ Yo prefiero éste.

◇ Pues yo prefiero éste porque es más pequeño, más práctico.
★ Sí pero tiene menos memoria y cuesta el doble.

7. TU CASA IDEAL

Piensa en tu casa ideal. ¿Cómo es? ¿Dónde está? ¿Qué tiene?
Ahora pregunta a tu compañero para descubrir cinco características de su casa ideal y hacer un dibujo. Él sólo puede contestarte sí o no.

◇ ¿Es grande?
★ Sí.
◇ ¿Está en la montaña?
★ No.
◇ ¿Tiene jardín?
★ Sí.

8. HOTELES PARA TODOS LOS GUSTOS

Lee atentamente la información sobre estos cuatro hoteles. ¿Qué hoteles eliges
para estas situaciones? ¿Por qué? Habla con tus compañeros.

Un viaje de negocios	
Unas vacaciones con un/a amigo/a	
Unas vacaciones con tu familia	
Un amigo que va a Latinoamérica por primera vez	
Una luna de miel	

HOTEL SANTA CLARA
Cartagena de Indias (Colombia)

Su construcción data de 1595.
Todas las habitaciones disponen
de aire acondicionado, teléfono,
TV, cerraduras electrónicas,
minibar y caja de seguridad.
Café, restaurantes, bar, piscina,
jacuzzi, baños turcos, sauna,
masajes y sala de reunión para
240 personas.

Precio habitación doble: **129€**

**HOTEL MARRIOT
PLAZA**
Buenos Aires (Argentina)

En el mismo centro de
la ciudad. Habitaciones
con aire acondicionado,
TV, radio y minibar. Dos
restaurantes, cafetería,
bar, club nocturno, pis-
cina y solarium, pelu-
quería, boutiques y
salones de conferencias.

Precio habitación
doble: **99€**

**HOTEL HYATT DORADO
BEACH**
Dorado (Puerto Rico)

En la playa, a 33 kms. de San Juan.
Gran complejo hotelero. Lujosas
habitaciones con aire acondicionado, TV, radio, teléfono, minibar.
Restaurantes, cafeterías, bares,
casino, dos campos de golf, dos
piscinas (una de ellas olímpica),
pistas de tenis, hípica. Deportes
acuáticos.

Precio habitación doble: **149€**

HOTEL ANAUCO HILTON
Caracas (Venezuela)

Cómodas habitaciones con aire
acondicionado, TV, baño privado y
teléfono. Restaurante, cafetería y
bar. Instalaciones: gimnasio, piscina
y solarium.
Situado en el centro financiero de
la ciudad. Dispone de salones para
reuniones y negocios.

Precio habitación doble: **79€**

◇ Para un viaje de negocios creo que es mejor el hotel..., porque tiene..., es... y está en...
★ Pues yo creo que es mejor el hotel... porque..., además es mucho más barato, cuesta casi la mitad.

PROYECTOS CON FUTURO

A. La revista "Negocios con ideas" ha publicado un artículo con los ocho mejores proyectos del año. Lee la información. Subraya en el texto los cinco adjetivos que describen estos negocios.

Negocios con ideas

8 PROYECTOS CON FUTURO

Parque de ocio infantil
Inversión: 35.000 euros
Rentabilidad: 25-30%
Amortización:1,5 - 2 años

Para usted que ha decidido montar un negocio innovador nuestros expertos han seleccionado los 8 proyectos con más futuro. Todos atractivos y rentables a corto plazo. Con mayor o menor inversión, unos más seguros, otros un poco más arriesgados. Para todos los gustos y bolsillos.

Heladería
Inversión: 50.000 euros
Rentabilidad: 40%
Amortización: 2 años

Agencia de detectives
Inversión: 25.000 euros
Rentabilidad: 25%
Amortización: 1,5 años

Escuela infantil
Inversión: 140.000 euros
Rentabilidad: 20%
Amortización: 2 años

Sala de actuaciones
Inversión: 100.000 euros
Rentabilidad: 15%
Amortización: 4 años

Telesecretarias
Inversión: 35.000 euros
Rentabilidad: 35%
Amortización: 2-3 años

Restaurante
Inversión: 130.000 euros
Rentabilidad: 30%
Amortización: 2,5 años

Granja de avestruces
Inversión: 30.000 euros
Rentabilidad: 40%
Amortización: 2,5 años

¿Qué te parecen estos negocios? Comenta tu opinión con tus compañeros.

◇ Yo creo que el parque infantil es muy rentable.
★ Sí, porque sólo necesitas 35.000 euros y lo amortizas en dos años. Tiene futuro.
◇ Es verdad, pero hay otros que también son muy interesantes. El restaurante, por ejemplo...

B. Trabajas en una asesoría. Unos clientes te han pedido un estudio para montar un nuevo negocio. Elige los dos proyectos más interesantes para cada cliente. Ten en cuenta que el señor Mendoza tiene mucha experiencia en la hostelería y el señor Pérez es muy urbano, no le gusta nada el campo.

Cliente:	Presupuesto de inversión:	Presupuesto de alquiler/mes:
Raimundo Mendoza	150.000€	2.500€
José Luis Pérez	45.000€	1.500€

Compara tus propuestas con las de tus compañeros para elegir la mejor.

 ◇ **Para el señor Mendoza los mejores negocios son... porque...**

C. Esta es una selección de locales de Madrid para nuevos negocios. Selecciona el más adecuado para tus dos clientes.

ALQUILER DE LOCALES Y OFICINAS

CHAMARTÍN, Castellana

250 m², 4 despachos, 2 salas, 1.500 euros.
Pisomadrid. (91 826 15 44)

HORTALEZA

210 metros, planta calle, exterior, cualquier actividad. 850 euros.
(91 935 00 06)

FUENCARRAL

Urge vender solar edificable de 1.500 m². Precio a negociar. (91 774 90 01)

CENTRO, Pl. Santa Ana

Bar, Restaurante, 400 m², 2.500 euros.
Pisomadrid.(91 219 65 02)

CHAMBERÍ, Santa Engracia

Oficina 90 metros, 4 despachos, exterior, perfecto estado. Edificio exclusivo oficinas. 550 euros/mes.
(91 848 29 11)

SALAMANCA, Goya

300 metros, exterior, salida calle, cualquier negocio. 2.000 euros.
(91 899 40 21)

CHAMBERÍ, Bilbao

Local 125 m². Bar, copas, restaurante. 1.490 euros.
(908 80 93 32)

AFUERAS de Madrid

Antigua granja avícola. Casa centenaria con gran terreno. Alquiler: 1.600 euros.
(91 863 78 45)

MADRID

Plaza España

Estación de Atocha

Torres Kio. Plaza de Castilla

Calle de la Princesa

Plaza Picasso

Edificio La Castellana

D. Completa la ficha con la información.

Nombre del cliente:
Raimundo Mendoza

Tipo de negocio:
Zona:
m² :
Precio:
Características:

Nombre del cliente:
José Luis Pérez

Tipo de negocio:
Zona:
m² :
Precio:
Características:

Coméntalo con tu compañero para poneros de acuerdo.

 ◇ Yo creo que **para** el Sr. ... el más interesante es el de la zona de Bilbao, tiene 125 metros cuadrados y cuesta 1.490 euros.
★ Sí, es el mejor...

GRAMÁTICA

Números a partir del 1.000

1.000	mil
1.200	mil doscientos
30.500	treinta mil quinientos
85.987	ochenta y cinco mil novecientos ochenta y siete
130.000	ciento treinta mil
270.650	doscientos setenta mil seiscientos cincuenta
...	
1.000.000	un millón
1.500.000	un millón quinientos mil (un millón y medio)
6.200.000	seis millones doscientos mil
12.500.750	doce millones quinientos mil setecientos cincuenta

un millón		euros
un millón y medio	de	dólares
dos millones		pesetas
		libras
		marcos
		francos
		pesos
		...

PREFERIR

prefiero
prefieres
prefiere
preferimos
preferís
prefieren

◇ ¿Qué ordenador **prefieres**?
★ Yo **prefiero** éste.
○ Pues yo éste porque es más pequeño...

SER - ESTAR

◇ La casa **es** más grande.
★ Sí, pero... el piso **está** más cerca del centro.

Concordancia adjetivo - sustantivo

un pis**o** barat**o**
una lámpar**a** clásic**a**

unos teléfon**os** modern**os**
unas agend**as** práctic**as**

Gradación de adjetivos

+
demasiado
muy
bastante
-
un poco*

*****un poco** se usa con características negativas

Este cuadro es **demasiado** moderno.
Estas sillas son **muy** cómodas.
Esta impresora es **bastante** buena.
Estos ordenadores son **un poco** caros.

Comparar

más / menos + adjetivo

Es	(mucho) (bastante) (un poco)	más menos	caro/a barato/a interesante	(que)

La casa es **más** cara (**que** el piso).
Este sillón es **menos** cómodo (**que** el otro).
Este negocio es **mucho más** rentable.
Esta lámpara es **bastante más** barata.
Este sillón es **un poco más** cómodo.

más / menos + sustantivo

Tiene	(mucho/bastante) (mucha/bastante) (muchos/bastantes) (muchas/bastantes)	más menos	sol calidad metros habitaciones	(que)

El piso tiene **muchos más** metros.

Superlativos

el la los las	más menos	caro cara caros caras

el mejor
el peor

Éste es **el más** caro.
Ésta es **la mejor**.

Comparar precios

Cuesta/n	el doble el triple la mitad lo mismo

Valorar y explicar una elección

⬥ Yo creo que el parque infantil es muy rentable.

★ Sí, porque sólo necesitas 35.000 euros y lo amortizas en dos años.

○ Es verdad, pero hay otros que también son muy interesantes. El restaurante, por ejemplo...

Agenda **de trabajo**

1. AGENDA

Ésta es la agenda para esta semana de José María Olivar, jefe de equipo de una distribuidora.

A. Éstas son otras cosas que también tiene que hacer. Busca el mejor día y la mejor hora para hacerlas y escríbelo en la agenda.

Tiene que reunirse con el director para preparar el viaje a Bruselas.
Tiene que reunirse con su equipo a finales de semana para hacer el balance del mes.
Tiene que comer con Felipe Sánchez de Nestlé.
Tiene que ver al Sr. Medina de Danone a principios de semana.
Tiene que visitar la fábrica de Pascual a finales de semana.
Tiene que cenar con la directora de Kellox.

B. Comenta con tus compañeros las diferentes posibilidades que hay.

⋄ La reunión con el director puede ser el lunes por la tarde.
★ También puede ser el martes por la mañana.
⋄ Sí, porque el martes por la tarde no tiene tiempo, tiene una comida y luego se va a Bruselas.

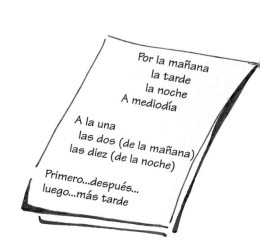
Por la mañana
la tarde
la noche
A mediodía

A la una
las dos (de la mañana)
las diez (de la noche)

Primero...después...
luego...más tarde

2. HORARIOS

Aquí tienes información de los horarios de un banco, un restaurante, una tienda de decoración, unos grandes almacenes, una agencia de trabajo y un cine.

```
      LABORA
Horario de atención
   al público
9.00-14.00 / 16.30-19.30
```

BANKINTRA
8:30h - 14:00h

La Bodeguita del Caco
abierto de 20.00 a 01.30

SALAS HOLLYWOOD
Sala 1: **La caja fuerte**.
Pases 4.00, 6.15, 8.30 y 10.45

El Corte Irlandés
10.00h. a 21.00h.

El Hogar
de 10:00 a 13:30
de 17:00 a 20:00

A. Con ayuda de estas frases puedes descubrir qué es Labora, Bankintra, La Bodeguita del Caco, El Corte Irlandés, El Hogar y las Salas Hollywood.

. El banco abre sólo por la mañana.
. La película en el cine empieza a las cuatro de la tarde.
. La agencia de trabajo abre por la mañana y cierra a las siete y media de la tarde.
. El restaurante cierra a la una y media de la mañana.
. La tienda de decoración cierra a las ocho de la tarde.
. Los grandes almacenes no cierran a mediodía.

◇ Bankintra es un banco.
★ Sí y...

B. ¿Son iguales los horarios de estos establecimientos en tu país? Coméntalo con tu compañero.

◇ ¿A qué hora abren los bancos en tu país?
★ A las 8 de la mañana más o menos.
◇ ¿Y a qué hora cierran?
★ A las 12:30, pero abren por la tarde. ¿Y en Brasil?

3. TELÉFONO
En Almatel el teléfono suena a todas horas. Vas a escuchar varias llamadas.
A. Primero escucha y ordena la columna de la izquierda con números del 1 al 5, según el orden de las llamadas.

	ALMATEL AMT	¿Quién llama?	¿Quiere dejarle algún recado?
	Comunica		
	Está	Pilar García (Simago)	
1	No está		
	En este momento está ocupado/a		
	En este momento está reunido/a		

B. Escucha otra vez y completa la tabla.

4. CITAS DE TRABAJO

Antonio Gutiérrez lleva el departamento comercial de una fábrica textil.
Tiene que hablar por teléfono con estas personas para concertar una cita de trabajo.

A. ¿Va a utilizar **tú** o **usted** para hablar con ellos? Escríbelo en el recuadro azul.
Después escucha las conversaciones y comprueba.

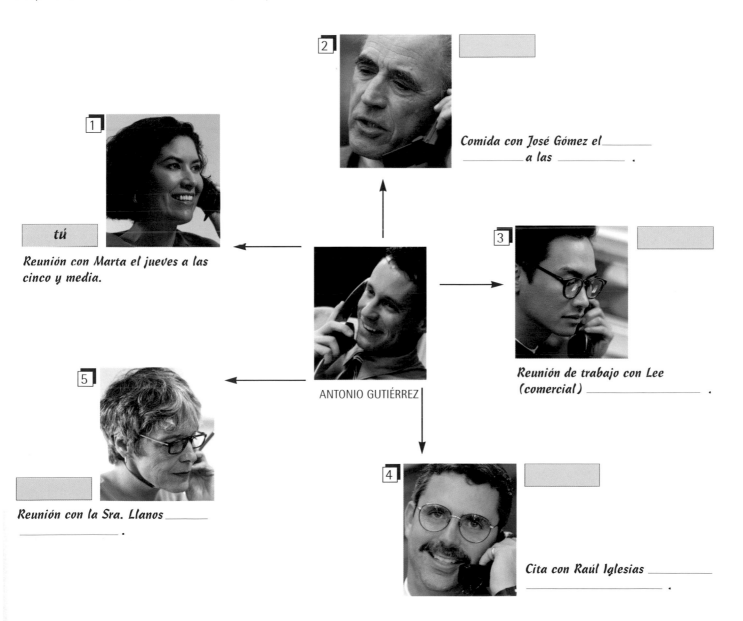

2

Comida con José Gómez el _____
_____ a las _____ .

1

tú

Reunión con Marta el jueves a las cinco y media.

3

Reunión de trabajo con Lee (comercial) _____ .

ANTONIO GUTIÉRREZ

5

Reunión con la Sra. Llanos _____
_____ .

4

Cita con Raúl Iglesias _____
_____ .

B. Ahora vuelve a escuchar las conversaciones y toma nota del día y la hora de cada cita.

5. EMPRESARIOS

 A. Escucha una entrevista que hacen en la radio al famoso empresario Amado Rico. Primero, ordena las actividades por orden de aparición.

EL PAÍS, domingo 9 de noviembre de 1998

TELEVISIÓN / RADIO / 60

¿ Un ejecutivo agresivo ?

El empresario Amado Rico, habla de su vida personal en el programa "Empresarios" de Radio Nacional.

Los índices de audiencia en España han subido un 10%, respecto al año anterior.

LOS FINES DE SEMANA DE AMADO RICO

☐ jugar al golf
☐ quedarse en casa
☑ trabajar
☐ salir con amigos
☐ ir al campo
☐ levantarse tarde

B. Escucha otra vez y escribe con qué frecuencia hace estas actividades los fines de semana. Después compara con tu compañero.

siempre
casi siempre
normalmente
a veces
nunca

C. ¿Y tú? ¿Qué haces los fines de semana? Escríbelo en un papel indicando con qué frecuencia haces esas cosas. Escribe también alguna actividad que no haces nunca. Después dale el papel a tu profesor.

D. Tu profesor te va a dar el papel de un compañero. ¿Sabes de quién es?

6. ESTRÉS

¿Tu trabajo o tus estudios te provocan estrés?
A. Completa el test con las respuestas de tu compañero. Luego, mira los resultados del recuadro para descubrir su grado de estrés.

◇ ¿Piensas que trabajas demasiado?
★ Sí, creo que sí...

TEST

¿Tienes estrés en tu trabajo o en tus estudios?

Apellidos _
Nombre _
Edad _

TEST Nº1

	SÍ	NO
1.- Piensa que trabaja demasiado.		
2.- Trabaja en casa.		
3.- Se pone plazos imposibles de cumplir.		
4.- Piensa que tiene demasiadas responsabilidades.		
5.- Está descontento/a con el trabajo que realiza.		
6.- Tiene problemas para organizar su tiempo.		
7.- Piensa que su lugar de trabajo es incómodo.		
8.- Tiene conflictos con los compañeros o con los jefes.		
9.- Recibe mal las críticas constructivas.		
10.- Tiene una actitud negativa en el trabajo.		
11.- Come demasiado, poco o mal.		
12.- Desayuna poco.		
13.- Toma más de dos cafés al día.		
14.- Fuma o bebe alcohol con frecuencia.		
15.- Duerme poco.		

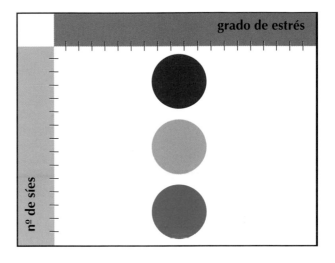

Resultados:

Menos de 4 síes:	No tiene estrés.
De 4 a 6 síes:	Tiene un poco de estrés.
De 7 a 9 síes:	Tiene bastante estrés.
De 10 a 12 síes:	Tiene mucho estrés.
De 13 a 15 síes:	Tiene muchísimo estrés.

B. Piensa en otras preguntas para tu compañero. Pregúntale y toma notas.

◇ ¿Cuántas horas trabajas?
★ Muchas, unas doce al día.
◇ ¿Y los fines de semana también?
★ Sí, pero trabajo menos.

C. Ahora dale consejos a tu compañero teniendo en cuenta sus respuestas.

◇ Tienes que organizar mejor tu tiempo y descansar los fines
   de semana. También tienes que...

7. EL FIN DE SEMANA

Un compañero y tú queréis quedar este fin de semana para estudiar español. Piensa en las cosas que tienes que hacer este fin de semana y escríbelo en tu agenda.

◇ Oye... ¿qué haces este sábado?
★ Pues, por la mañana trabajo y por la noche salgo con unos amigos.
◇ ¿Y si quedamos por la tarde para estudiar juntos?
★ Bueno, vale. ¿Después de comer?

7 viernes	8 sábado	9 domingo
8		
9		
10		
11		
12		
13		
14		
15		
16		
17		
18		
19		
20		
21		
22		

8. QUEDAR POR TELÉFONO

Dos compañeros y dos directivos de una consultora tienen que verse para hablar de unos asuntos. Hablan por teléfono para quedar.
A. Lee los diálogos y complétalos con las frases del centro.

1. Félix y Agustín
- ¿Sí?
- ¿Está Agustín?
- Sí, soy yo.
- Hola, soy Félix.
- Hola Félix. ¿Qué te cuentas?
- Pues ... 7
- Ah, sí... y... ¿cuándo podemos vernos?
- Pues... vamos a ver.
- El martes no puedo,
  Tengo una reunión por la mañana y luego tenemos
  que presentar un proyecto...
- ¿Y el miércoles?
- ¿A qué hora?
- Pues... a partir de las 5.
- A partir de las 5... ¿A las 5 y media?
- Perfecto.
- Muy bien.
- ¡Ajá! Miércoles... a las 5 y media, reunión con Agustín.
  Vale, pues hasta el miércoles.
- Hasta luego.

2. El Sr. Cobos y la Sra. Sevilla
- ¿Dígame?
- ¿Sr. Cobos?
- Sí, soy yo.
- Soy Concha Sevilla.
- ¡Sí! Dígame.
- Pues
- Ah sí... y ¿cuándo podríamos vernos?
- ¿Qué tal el jueves?
- tengo muchísimo trabajo
  y además tengo que comer con el director.
- ¿Y el viernes? ¿Tiene tiempo?
- El viernes, ¿por la tarde?
- Sí. ¿Qué tal a las 6.?
- Muy bien.
- ¿Entonces nos vemos el viernes a las 6?
- De acuerdo. ¿En su despacho?
- Bueno... Muy bien.

1	que quería hablar contigo de Almatel.
2	Pues el jueves no puedo,
3	Entonces quedamos el miércoles a las 5 y media.
4	¿Qué tal el martes?
5	me gustaría hablar con usted de lo de Cepsa.
6	estoy bastante ocupado.
7	¿Y dónde?

B. Escucha y comprueba.

9. CONCERTAR UNA CITA

A En grupos de tres: A, B y C.

Alumno A. Eres publicista. Quieres hablar con una directiva de Pipse, la Sra. Ramos, para hacer una nueva campaña de marketing. Llama por teléfono para concertar una cita con ella.

Antes de llamar prepárate la conversación y escribe:

¿Qué días de esta semana puedes verla? ¿A qué hora?	¿Qué días no puedes? ¿Por qué?	¿Dónde puedes quedar?

Alumno B. Eres la Sra. Ramos, directiva de Pipse. Esperas la llamada de un publicista que quiere reunirse contigo para hablar de una nueva campaña de marketing.

Antes de recibir la llamada prepárate la conversación y escribe:

¿Qué días de esta semana puedes verlo? ¿A qué hora?	¿Qué días no puedes? ¿Por qué?	¿Dónde puedes quedar?

Alumno C. Eres la secretaria de dirección de Pipse. Alguien va a llamar por teléfono y va a preguntar por tu jefa, la Sra. Ramos.

Antes de recibir la llamada prepárate la conversación y escribe:

¿Está en la oficina?	Si no está, ¿por qué?	¿Está ocupada?

B. Podéis presentar la situación espalda con espalda. Después cambiad los papeles.

"Pipse, ¿dígame?"

"Buenos días. ¿Está la Sra. Ramos?"

T **REUNIONES DE EQUIPO**

A. En grupos de tres. Trabajáis en AIR-MALLORCA, una importante cadena de agencias de viajes y hoteles en las Islas Baleares.

Cada uno elige uno de estos cargos:

1. Jefe de equipo de agentes comerciales.
2. Director comercial - Viajes.
3. Director comercial - Hoteles.

Éstas son las cosas que tienes que hacer esta semana:

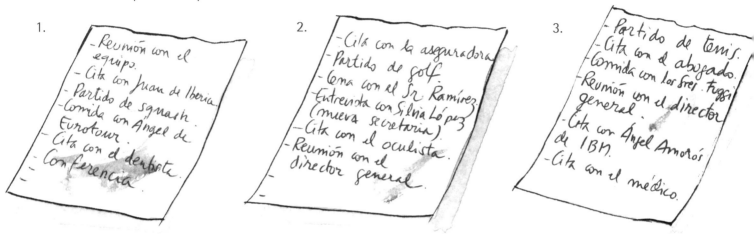

1.
- Reunión con el equipo.
- Cita con Juan de Iberia.
- Partido de squash.
- Comida con Angel de Eurotour.
- Cita con el dentista.
- Conferencia.

2.
- Cita con la aseguradora.
- Partido de golf.
- Cena con el Sr. Ramírez.
- Entrevista con Silvia López (nueva secretaria).
- Cita con el oculista.
- Reunión con el director general.

3.
- Partido de tenis.
- Cita con el abogado.
- Comida con los Sres. Fuggi.
- Reunión con el director general.
- Cita con Ángel Amorós de IBM.
- Cita con el médico.

B. Busca un día y una hora para hacer todas estas cosas y escríbelo en tu agenda.
Si quieres, también puedes añadir otras cosas.

Lunes	Martes	Miércoles	Jueves	Viernes	Sábado

8
9
10
11
12
13
14
15
16
17
18
19
20
21
22

Domingo

C. Esta semana los tres tenéis que veros para hablar de varios temas. Lee estos mensajes, notas y papeles. ¿Qué tenéis que hacer? Habla con tus compañeros.

◇ **Tenemos que hacer el balance...**

D. Habla con tus compañeros y buscad un día y una hora para hacer estas cosas juntos. Vosotros elegís si vais a utilizar "vosotros" o "ustedes". Cada uno toma notas en su agenda.

GRAMÁTICA

Días de la semana

lunes
martes
miércoles
jueves
viernes
sábado
domingo

Situar en el día

Por	la mañana
	la tarde
	la noche
A	mediodía
A las diez	de la mañana
	de la noche
A las tres	de la tarde
	de la madrugada

Frecuencia

+ **siempre**
  casi siempre
  normalmente
  casi nunca
- **nunca**

◇ ¿Y después del trabajo?
★ **Normalmente** voy al campo.

Secuencia

◇ ¿Qué haces este sábado?
★ Pues... **primero** voy a jugar a squash con el Sr. López, **después** tengo que ir a la oficina, **luego** como con un distribuidor y **más tarde** tengo que visitar a un cliente.

Algunos irregulares en presente

E - IE

EMPEZAR	CERRAR
empiezo	cierro
empiezas	cierras
empieza	cierra
empezamos	cerramos
empezáis	cerráis
empiezan	cierran

U - UE | O - UE

JUGAR	ACOSTARSE
juego	me acuesto
juegas	te acuestas
juega	se acuesta
jugamos	nos acostamos
jugáis	os acostáis
juegan	se acuestan

E - I

PEDIR	REPETIR
pido	repito
pides	repites
pide	repite
pedimos	repetimos
pedís	repetís
piden	repiten

1ª persona de singular

HACER	SALIR
hago	salgo
haces	sales
hace	sale
hacemos	salimos
hacéis	salís
hacen	salen

PODER + infinitivo

puedo
puedes
puede   **+ infinitivo**
podemos
podéis
pueden

posibilidad
¿Cuándo **podemos vernos**?
La reunión **puede ser** el lunes...

TENER QUE + infinitivo

obligación
⬦ ¿Cuándo podemos reunirnos con
   Emilio Arcos?
★ ¿Qué tal el jueves por la mañana?
○ Yo el jueves no puedo, **tengo que hablar**
   con el abogado.

consejo
⬦ **Tienes que organizar** mejor tu tiempo y
   descansar los fines de semana.

QUEDAR

¿Y si **quedamos** por la tarde para estudiar
juntos?

Entonces **quedamos** el miércoles a las 5 y
media.

Hablar de horarios

⬦ ¿A qué hora cierran los bancos?
★ A las dos.

⬦ ¿A qué hora termina la reunión?
★ A las siete más o menos.

Hablar de acciones previstas

⬦ Oye... ¿qué haces el sábado?
★ Pues por la mañana trabajo y por la noche
   salgo con unos amigos.

Referirse a un tema

tema nuevo
Quería hablar contigo **de** Almatel.

tema conocido
Me gustaría hablar con usted **de lo de** Cepsa.

Por teléfono

menos formal
⬦ ¿Sí?
★ ¿Está Agustín?
⬦ Sí, soy yo.
★ Hola, soy Félix.
⬦ Hola Félix, ¿qué te cuentas?

más formal
⬦ ¿Dígame?
★ Buenos días. ¿La Sra. Sánchez? Por favor.
⬦ ¿De parte de quién?
★ De Leonardo Falcão, de Provesa.
⬦ Un momento (...) Mire, en este momento
   está ocupada, ¿quiere dejarle algún recado?

Citas y reuniones

1. INVITACIONES

En una oficina, unas personas invitan a otras.

A. Escucha y señala si aceptan o rechazan la invitación.

① SÍ ☐ NO ☐

② SÍ ☐ NO ☐

③ SÍ ☐ NO ☐

④ SÍ ☐ NO ☐

⑤ SÍ ☐ NO ☐

⑥ SÍ ☐ NO ☐

B. Escucha otra vez y escribe cómo responden a la invitación.

1 _____   4 _____

2 _____   5 _____

3 _____   6 _____

2. UNA CENA DE NEGOCIOS

A. El director comercial de una empresa tiene una importante cena de negocios con un cliente. Como lleva poco tiempo en Madrid, no conoce muchos sitios. Ha consultado una guía de restaurantes y ha seleccionado algunos:

- un restaurante moderno con música
- un restaurante vasco
- un restaurante gallego especializado en marisco
- un restaurante que cierra después de las 24.00

¿Cómo se llama cada uno?

PELOTARI

DIRECCIÓN. Recoletos, 3
91 578 24 97 / 91 578 22 47
HORARIO. De 13.30 a 16.00 y de 21.00 a 00.00 horas. Domingos cerrado.
SERVICIOS.

ESPECIALIDADES. Carnes y pescados a la parrilla. Ofrecemos bacalao al pil-pil, kokotxas de merluza, pimientos verdes de Gernika y otros platos tradicionales vascos. Gran variedad de postres caseros.
Excelente servicio. Salones privados para todo tipo de celebraciones. Todo en un marco rústico.
BODEGA. Amplia carta. Caldos tradicionales adaptados a las especialidades de la casa. Gran variedad en vinos de La Rioja y Navarra.
PRECIOS. De 30 a 40 euros.

LA ALPUJARRA

DIRECCIÓN. Plaza del Perú, 4
91 345 50 12
HORARIO. De 13.00 a 16.30 y de 20.00 a 00.30 horas.
SERVICIOS.

ESPECIALIDADES. La cocina andaluza está de moda. Pescaditos fritos (boquerones, chopitos, salmonetes, etc.). Pescados a la sal y al horno (lubina, dorada, besugo, etc.). Carnes rojas (chuletón, solomillo, brocheta, rabo de toro, etc.).
Postre caseros (arroz con leche, flan con nata, leche frita, etc.).
Excelente servicio.
BODEGA. Vinos de todas las regiones de España. Blancos andaluces y selección de tintos de La Rioja y Ribera del Duero.
PRECIOS. Carta: 35-40 euros.

EL RINCONCITO
DIRECCIÓN. Padre Claret, 12
91 416 61 67 / 91 416 61 67
HORARIO. Cerrado domingos.
SERVICIOS.

ESPECIALIDADES. El placer de lo natural. Pescado
fresco del día. Especialidad en mariscos, merluza a la
gallega y pulpo. Platos típicos al estilo gallego.
Carnes rojas del norte, productos ibéricos. Asados en
horno de leña. Postres artesanos y caseros.
Precios especiales a grupos de empresa.
BODEGA. Amplia y selecta carta. Excelente variedad
de vinos gallegos.
PRECIOS. Precio medio: 28 euros.

VÍA 59
DIRECCIÓN. Gran Vía, 59
91 547 67 67
HORARIO. De 12.00 a 24.00 horas.
SERVICIOS.

ESPECIALIDADES. Restaurante moderno de diseño,
con gran luminosidad y dos ambientes diferentes.
Uno, serio y formal, y el otro, joven y con buena música.
Exposición permanente de pintores contemporáneos.
Comida mediterránea a base de arroces, ensaladas y
pastas.
BODEGA. Vinos jóvenes de diferentes regiones. Gran
selección de vinos y cavas catalanes.
PRECIOS. Excelente relación calidad-precio. Precios
especiales para empresas.

B. Ahora escucha la conversación que mantiene el director comercial con un
compañero que le ayuda a elegir un restaurante. Señala los restaurantes de
los que hablan.

C. Escucha otra vez para subrayar en los textos la información que oyes.

D. Comenta con tus compañeros cuál elegirías y por qué.

◇ Yo, elegiría La Alpujarra porque me gusta mucho el pescado
    frito.
★ Pues yo, El Rinconcito porque está especializado en pescado y
    marisco.
○ Yo también, me encanta el pescado.

3. ASPIRACIONES PROFESIONALES

¿Qué es lo más importante para ti en un trabajo?

A. Numera del 1 (lo más importante) al 6 (lo menos importante) las cuestiones que valoras más.

- Asumir responsabilidades ____
- Recibir formación continua ____
- Disfrutar de buenas condiciones económicas ____

- Tener posibilidades de promoción ____
- Tener un puesto de trabajo estable ____
- Formar parte de una gran empresa moderna ____

B. Comenta con tus compañeros tus preferencias.

◇ Para mí lo más importante es tener posibilidades de promoción. No me gusta hacer siempre lo mismo.
★ Pues yo prefiero tener un puesto de trabajo estable y vivir tranquilo.

4. EQUIPOS DE TRABAJO

A. Ahora haz este test para averiguar cómo te gusta trabajar.

1. ¿En qué tipo de proyectos te gusta más trabajar?	a) En grandes proyectos y de larga duración. b) En pequeños proyectos y de menor duración. c) En proyectos grandes y pequeños.
2. A la hora de hacer un proyecto, ¿cómo te gusta trabajar?	a) Individualmente. b) Con otro compañero. c) En grupos de tres o cuatro.
3. En cuanto al ritmo de trabajo, ¿qué te gusta más?	a) Trabajar con presión. b) Trabajar con un poco de presión. c) Trabajar sin prisas ni agobios.
4. Para tener una reunión de trabajo, ¿qué momento del día te gusta más?	a) A primera hora de la mañana. b) A media tarde. c) A última hora.
5. Cuando estás trabajando en un proyecto, ¿cómo te gusta organizar tu horario?	a) Establezco un horario y lo respeto. b) Le dedico un poco más de tiempo fuera del horario establecido. c) Le dedico todo el tiempo que sea necesario.
6. Si tienes que dedicar a un proyecto más tiempo del previsto, ¿qué te gusta más?	a) Empezar más temprano por las mañanas. b) Terminar más tarde. c) Dedicarle también los sábados.

B. Busca tres compañeros con características parecidas a las tuyas para crear un buen equipo.

◇ ¿En qué tipo de proyectos te gusta más trabajar?
★ En grandes proyectos y de larga duración. ¿Y a ti?
◇ A mí también. Y me gusta trabajar individualmente. ¿Y a ti?
★ A mí no. Prefiero con un compañero, o en grupos de tres o cuatro.

5. GUSTOS Y PREFERENCIAS

A. Señala lo que te gusta mucho (++), lo que te gusta bastante (+) y lo que no te gusta nada (-) de tu trabajo o de tus estudios.

trabajar con gente ⬭   las reuniones ⬭

el horario ⬭   viajar ⬭

el café de la máquina ⬭   la sonrisa de tu jefe/profesor ⬭

tus compañeros ⬭   trabajar en equipo ⬭

tener libre el fin de semana ⬭   trabajar con ordenadores ⬭

hacer un trabajo creativo ⬭   tu sueldo ⬭

comer con los compañeros ⬭   el ambiente del trabajo / de la clase ⬭

B. Pregunta a tres compañeros hasta encontrar algo que les gusta mucho de su trabajo o estudios, algo que les gusta bastante y algo que no les gusta nada.

NOMBRE	Le gusta(n) mucho	Le gusta(n) bastante	No le gusta(n) nada

◇ ¿Te gusta trabajar con gente?
★ Sí, mucho. Y a ti... ¿te gustan las reuniones?
◇ No, nada.

C. Ahora comenta a la clase lo que sabes de tus compañeros.

◇ A Martha y a mí no nos gustan nada las reuniones. A João no le gusta nada trabajar con gente pero a mí me gusta mucho.

6. REUNIÓN ANUAL

Vuestra empresa celebra cada año una reunión con todos sus empleados. Tú formas parte del Comité Organizador. Éstos son los tres lugares preseleccionados para este año. En grupos de cuatro elegid uno.

A las afueras de París, a 45 km de la ciudad y a 15 km del aeropuerto, se levanta el castillo "Le château du Vieux Chêne". Rodeado de amplios espacios verdes, dispone de 15 salas para conferencias, hotel de 5 estrellas, salón de actos, restaurantes, cafeterías y numerosas instalaciones deportivas.

Praga, la ciudad de las 100 torres, cuenta con el Centro de Convenciones más moderno de Europa. Puesto en marcha el primero de enero de 1998 está dotado de los mayores avances tecnológicos. Sus 400.000 m² ofrecen 18 pabellones para ferias, exposiciones, congresos, etc. tres restaurantes, dos cafeterías y un auditorio. Los hoteles Diplomat e Intercontinental garantizan su alojamiento.

En el marco incomparable de Venecia encontramos un antiguo palacio del s. XVI rehabilitado para congresos y reuniones de empresa. El Palacio, situado tan solo a tres minutos de la Plaza de San Marcos y muy próximo al Puente de Rialto, dispone de 20 salas de reuniones, con equipamiento moderno y una capacidad para 1500 personas, dos restaurantes y una cafetería de uso exclusivo.

◇ Yo creo que es mejor el Centro de Convenciones de Praga.
★ ¿Por qué?
◇ Porque es nuevo, moderno, con mucha tecnología...
★ Sí, ¿pero no es más bonito un palacio antiguo? Yo creo que es más agradable.

7. UN REGALO

Mañana es el cumpleaños de Mónica y de Joaquín.

A. Piensa en tres posibles regalos para cada uno y dibújalos.

 B. Escucha ahora la conversación de sus compañeros de oficina. ¿Qué van a regalarles? ¿Coinciden con los regalos que tú has pensado?

C. ¿Quién es el próximo que cumple años en vuestra clase? En grupos de tres, poneos de acuerdo sobre qué vais a comprarle.

```
◇ Le podemos comprar un libro porque le gusta mucho leer.
★ Sí...
○ ¿Y por qué no le compramos una caja de bombones?
  Le encanta el chocolate.
```

8. UN BUEN AMBIENTE DE TRABAJO

Dulce Amor, Rodolfo Valentín, Antón Torrón y Cruz de la Cruz trabajan en la misma empresa.

A. En grupos de cuatro, decidid quién de vosotros es Dulce, Rodolfo, Antón y Cruz.

B. Ahora, individualmente, piensa en qué quieres hacer con cada uno de tus compañeros; decide dónde y cuándo.

Cenar esta noche   Tomar algo   Tomar un café   Ir a un cóctel   Ir a una conferencia   ...

C. Invita a tus compañeros. Ellos también te van a invitar. Si no quieres ir, busca una buena excusa.

```
◇ Dulce, ¿te apetece cenar esta noche en mi casa?
★ Lo siento, es que esta noche voy a una fiesta.
◇ Ah, ¿y mañana?
```

9. EN EL RESTAURANTE

Russell y Judith estudian en Sevilla y viven con una familia española. Ésta es la
hoja con sus datos y otras informaciones.

INFORMACIÓN PARA LA FAMILIA HOSPEDANTE
DATOS PERSONALES

Apellido(s):   *Van Praagh*
Nombre: *Russell*
Nacionalidad: *norteamericano*
Edad: *23*
Lenguas que habla: *inglés, francés y español*

ALIMENTACIÓN

¿Sigue algún régimen o dieta? *No*
¿Tiene alergia a algún alimento? *Tengo alergia a los huevos,
                                   la leche y los lácteos*
¿Hay alguna comida que no le gusta? *Las espinacas*
Otros:

INFORMACIÓN PARA LA FAMILIA HOSPEDANTE
DATOS PERSONALES

Apellido(s):   *Cohen*
Nombre: *Judith*
Nacionalidad: *austriaca*
Edad: *20*
Lenguas que habla: *alemán, inglés y español*

ALIMENTACIÓN

¿Sigue algún régimen o dieta? *Soy vegetariana. No como ni
                                   carne ni pescado, huevos sí*
¿Tiene alergia a algún alimento? *Al chocolate*
¿Hay alguna comida que no le gusta? ....
Otros: *No bebo alcohol*

A. El sábado van a comer a un restaurante. Señala en el menú del día qué platos
pueden comer Russell (R) y Judith (J). Si no conoces los platos, pregunta a tus
compañeros.

◇ **¿Las croquetas llevan
   huevo?**
★ **Me parece que sí.**

Menú

Sopa de pescado
Ensalada variada con huevo duro
Espinacas con patatas
Espagueti carbonara
——
Bistec con patatas
Croquetas caseras de jamón
Merluza a la romana
Huevos fritos con patatas y chorizo

Flan con nata
Peras al vino
Macedonia de fruta
Helado
Mousse de chocolate

Pan, vino, cerveza o agua   10 Euros

B. ¿Qué crees que van a pedir?

	Russell	Judith
De primero		
De segundo		
Para beber		
De postre		

C. Escucha la conversación en el restaurante y comprueba si tus suposiciones
son correctas.

UNA COMIDA DE EMPRESA

Tu empresa quiere celebrar con una comida la adjudicación de un gran proyecto.

A. En grupos de cuatro, haz preguntas a tus compañeros para conocer sus gustos y preferencias en cuanto a comidas y restaurantes. Toma nota de sus respuestas. (Si a alguien le gusta algo o lo prefiere, escribe +, si no le gusta, -).

comida vegetariana
pescado
marisco
carne

cocina tradicional
cocina internacional
cocina exótica

un lugar sencillo y acogedor
un lugar elegante

en la ciudad
en un pueblo cercano

con decoración clásica
con decoración moderna

◇ ¿Qué os gusta más: la cocina tradicional, internacional o exótica?
★ A mí, la exótica.
○ A mí, también.
✦ A mí no, prefiero la tradicional, la comida exótica no me gusta.
◇ Pues a mí, me da igual, me gusta todo.

Dos personas prefieren la comida exótica y una la tradicional...

B. Escribe las preferencias o gustos de tu grupo para después elegir un restaurante.

C. Aquí tienes una selección de restaurantes que ofrecen banquetes de empresa. Con el mismo grupo elige un día para celebrar la comida y, luego, un restaurante.

COMIDAS DE NEGOCIOS
Cinco interesantes propuestas para sus celebraciones

PRÍNCIPE DE VIANA
En las afueras de Madrid, cocina de toda la vida: pescados, mariscos y carnes. Tiene un estupendo servicio de sala y una magnífica bodega. Dispone de una agradable terraza jardín en verano. Entre 60 y 80 euros. Cierra el domingo por la noche y el lunes.
Avda de España, 30. Moralzarzal, a 36 kilómetros de Madrid. Tel: 91 482 29 48

LA GALETTE
Cocina vegetariana y no vegetariana pero divertida, en un local sencillo y agradable, en el centro histórico de Madrid. Posee un agradable patio para el verano. Entre 40 y 50 euros. Cierra los domingos al mediodía.
Plaza Mayor, 1. Madrid. Tel: 91 315 73 88

CABO MAYOR
Un local espacioso y elegante que imita el interior de un barco. Cocina creativa y bien elaborada en un ambiente moderno. Alrededor de 65 euros.
En el km 16 de la carretera de Burgos, San Sebastián de los Reyes, a 16 kilómetros de la capital. Tel: 91 859 76 88

CHEZ POMME
Sencillo y agradable, tiene una interesante variedad de platos vegetarianos en el centro de Madrid. Ensaladas, platos de verdura, pasta y postres caseros. Alrededor de 45 euros. No cierra ningún día.
Pl. Alonso Martínez, 2. Tel: 91 410 37 77

ASADOR FRONTÓN
Clásico y popular asador, con una carne y un pescado de excelente calidad y buenos postres. Bodega cuidada y buen servicio. Alrededor de 60 euros. Cierra los domingos, festivos y agosto.
Castelló, 7. Tel: 91 309 11 76.

◇ Yo creo que podemos ir a La Galette, porque también tienen cocina vegetariana y a dos de nosotros no nos gusta la carne.

GRAMÁTICA

(A mí)	me	
(A ti)	te	
(A él, ella, usted)	le	gusta/gustan
(A nosotros/as)	nos	
(A vosotros/as)	os	
(A ellos/as, ustedes)	les	

¿Te gust**a**   trabajar con gente?
            el café de máquina?
            tu jefe?

¿Te gust**an**   las reuniones?
            tus compañeros?

Pronombres de objeto indirecto: LE y LES

- ◇ Mañana es el cumpleaños de Mónica y de Joaquín. Tenemos que comprar**les** algo, ¿no?
- ★ A Mónica **le** podemos comprar un libro porque **le** gusta mucho leer.

Graduar el gusto

+

Me gusta **muchísimo** mi trabajo.
Te gusta **mucho** mi trabajo.
¿Le gusta comer con sus compañeros?
Nos gusta **bastante** la oficina.
No os gusta **mucho** vuestro jefe.
No les gustan **nada** las reuniones.

-

Me **encanta** el pescado.
(= me gusta mucho)

Gustos iguales / gustos diferentes

- ◇ **Me gusta** trabajar con gente.
- ★ A mí, **también**.

- ◇ **Me gusta** trabajar con gente.
- ★ A mí, **no**.

- ◇ **No me gustan** las reuniones.
- ★ A mí, **tampoco**.

- ◇ **No me gustan** las reuniones.
- ★ A mí, **sí**.

Invitar y proponer

¿**Tomamos** un café?
¿**Desayunamos** juntos y hablamos?
¿**Comemos** juntos?

¿**Te**		algo?
¿**Le apetece**	tomar	un café?
¿**Os**		una cerveza?
		cenar esta noche en mi casa?

¿**Por qué no**   cenamos juntos?
               comemos juntos?

¿**Por qué no** le compramos   unos bombones?
                            una corbata?

¿**Y si** le regalamos una agenda?

Le **podemos** comprar un libro.

Aceptar una invitación o una propuesta

Estupendo.
Vale, perfecto.
Muy bien.
Vale.
Bueno.
De acuerdo.

Rechazar una invitación

Lo siento, es que tengo mucho trabajo.
esta noche voy a una fiesta.
ahora no puedo.

Hablar de preferencias

⋄ Para mí lo más importante es tener posibilidades de promoción.
★ Pues yo prefiero tener un puesto de trabajo estable.

⋄ ¿Qué os gusta más: la comida tradicional, internacional o exótica?
★ A mí, la exótica.

⋄ Yo, elegiría La Alpujarra porque me gusta mucho el pescado frito.

⋄ Yo creo que es mejor el Centro de Convenciones de Praga.

En un restaurante

De primero...
De segundo...
De postre...
Para beber...

⋄ ¿Las croquetas llevan huevo?
★ Me parece que sí.

Productos y proyectos

1. PUBLICIDAD

La revista "Nuevos Socios" hace publicidad en sus páginas de algunos productos.

A. ¿Qué productos están anunciando?

1.

2.

3.

4.

5.

6.

B. Ahora escucha estas conversaciones e identifica de qué producto anunciado están hablando.

PRODUCTO	
1	
2	
3	

2. PROYECTOS DE EMPRESA

A. Observa qué están haciendo en las oficinas de Wolkswagen, Almatel y Reflon.

B. Con ayuda de los dibujos, ¿cuál de estas empresas crees que...

... está diseñando un nuevo modelo de coche? _____

... está ampliando su plantilla? _____

... está produciendo 180.000 teléfonos móviles al año? _____

... está haciendo entrevistas para el departamento de publicidad? _____

... está preparando la presentación de un nuevo coche familiar? _____

... está desarrollando un proyecto de telecomunicaciones? _____

Compara tus respuestas con las de tu compañero.

⬦ Yo creo que Wolkswagen está diseñando un nuevo
  modelo de coche.
★ Sí, y también está...

 C. Escucha y comprueba tus hipótesis.

3. PLANES DE FUTURO

Electroshock, S.A. produce componentes electrónicos. Su director está pensando en algunos proyectos para este año y tiene algunos folletos informativos.
A. Observa los folletos. ¿Qué van a hacer? ¿Te imaginas por qué? Coméntalo con tu compañero.

◇ En mayo van a ir a México a una Feria de Electrónica. Seguro que quieren introducirse en el mercado latinoamericano.
★ No sé... A lo mejor solo quieren conocer el mercado de ese país y hacer algunos contactos.

B. Escucha y completa la tabla.

	¿Qué van a hacer?	¿Cuándo?	¿Dónde?	¿Por qué?
1	*Van a ir a una feria de electrónica.*	*Del 9 al 15 de mayo.*		
2				
3				
4				
5				
6				

4. OBJETOS DE USO COMÚN

A. Aquí tienes una fotos de objetos que usamos frecuentemente. ¿Sabes qué objetos son? ¿Cómo se llaman? Escríbelo. Puedes preguntar a tus compañeros o a tu profesor.

1.

2.

3.

4.

_____

_____

_____

_____

5-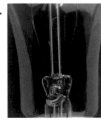

6.

7.

◇ Yo creo que es
   una bombilla.
★ No sé... también
   puede ser un vaso

_____

_____

_____

B. Estas pistas pueden ayudarte a descubrir qué objetos hay en las fotos.
¿A qué objetos corresponden las siguientes definiciones? ¿Estás de acuerdo con tu compañero?

Es de cristal y metal. Sirve para dar luz. Es un objeto que se rompe fácilmente. Se vende en ferreterías y cuesta poco dinero.	
Es una herramienta que se vende en ferreterías. Normalmente tiene una parte de metal y otra de madera. Sirve para clavar puntas, clavos, etc.	
Se vende en papelerías y no es caro. Es un objeto pequeño muy práctico. Es de papel y sirve para escribir, tomar notas...	
Sirve para ir elegante. Es de tela (muchas veces de seda). Se vende en tiendas de ropa y puede costar bastante. Es una prenda de vestir necesaria para un hombre de negocios.	
Los compramos por pares. Tienen precios muy diferentes según la calidad y la marca. Son de piel y se ponen en los pies. Se venden en zapaterías.	
No cuesta mucho. Es un objeto pequeño que se puede llevar en el bolsillo o en el bolso. Se vende en droguerías y supermercados. Sirve para peinarse y normalmente es de plástico.	
La estructura es de madera, metal o plástico. Es un mueble básico en una casa o en una oficina. Sirve para sentarse y se vende en tiendas de muebles.	

C. Ahora piensa en un objeto. ¿Cómo es? ¿De qué color es? ¿Para qué sirve? ¿Cuánto cuesta? Descríbeselo a tu compañero. A ver si adivina qué es.

◇ Es una cosa de tela y tiene una parte de metal o de madera.
   Sirve para protegerse de la lluvia.
★ ¿Es un paraguas?
◇ ¡Sí!

5. EL MEJOR PRODUCTO

A. Quieres comprar un coche. ¿Qué tienes en cuenta a la hora de elegir uno?
Numera estos factores de 1 a 8 según tus preferencias. Luego coméntalo con dos
compañeros.

Estética (elegante, moderno, funcional, deportivo…)	Motor (potente, de gasolina, diesel…)
Tamaño (pequeño, grande, de 3 ó 5 puertas…)	Garantía y asistencia (de 6 meses, 1 año , 3 años)
Precio (caro, económico)	Prestaciones (frenos ABS, dirección asistida, airbag, aire acondicionado…)
Marca (conocida, prestigiosa, europea)	Consumo (bajo, medio, alto)

◇ Para mí lo más importante es el motor; me gustan los coches potentes.
★ Sí, a mí también, pero también tengo muy en cuenta el precio.
○ Pues para mí lo más importante es el consumo. Yo, si tengo dinero, prefiero un diesel.

B. Trabajas como comercial en una empresa y necesitas un coche para hacer las
visitas a tus clientes. De acuerdo con tus preferencias, ¿qué coche elegirías de los
que te presentamos a continuación?

AUDI A6
Precio: desde 29.900€
Longitud: 4,80 metros.
Motores: 1.8 20v turbo, 2.4 V6 30v, 2.8 V6 30v y 2.5 V6 24v TDi.
Potencia: de 150 a 193cv.
Velocidad máxima: de 208 a 236 km/h.
Consumo medio: de 6,9 a 12,7 litros.
Versiones: cuatro puertas, avant, tiptronic y quattro.
Valor/precio: muy bien.

VOLKSWAGEN GOLF IV
Precio: desde 13.500€
Longitud: 4,15 metros.
Motores: 1.4, 1.6, 1.8 20v, 1.8 20v turbo, 2.3 VR5 y 1.9 TDI.
Potencia: de 75 a 150cv.
Velocidad máxima: de 171 a 216 km/h.
Consumo medio: de 4,8 a 8,2 litros.
Versiones: tres y cinco puertas, automático.
Valor/precio: muy bien.

VOLKSWAGEN GOLF GTI 1.8 TURBO 20V
Precio: desde 21.600€
Longitud: 4,15 metros.
Motores: 1.8 turbo 20v.
Potencia: 150cv.
Velocidad máxima: 216 km/h.
Consumo medio: 8,2 litros.
Versiones: tres y cinco puertas.
Valor/precio: bien.

PEUGEOT 406 COUPÉ
Precio: desde 26.500€
Longitud: 4,61 metros.
Motores: 2.0 16v, 3.0 V6 24v.
Potencia: de 135 a 194cv.
Velocidad máxima: de 205 a 235 km/h.
Consumo medio: de 10,2 a 12,8 litros.
Versiones: dos puertas y automático.
Valor/precio: bien.

SEAT IBIZA
Precio: desde 9.500€
Longitud: 3,83 metros.
Motores: 1.0,1.4,1.6,2.0,2.0 16v, 1.9d, 1.9 td y 1.9 TDi.
Potencia: de 50 a 150cv.
Velocidad máxima: de 145 a 210 km/h.
Consumo medio: de 5,2 a 9,2 litros.
Versiones: tres y cinco puertas y automático.
Valor/precio: muy bien.

RENAULT TWINGO
Precio: desde 8.500€
Longitud: 3,43 metros.
Motores: 1.149 cc.
Potencia: de 50 a 125cv.
Velocidad máxima: 150 km/h.
Consumo medio: 6 litros.
Versiones: tres puertas y semiautomático.
Valor/precio: bien.

C. Tienes que compartir el coche con tus compañeros de empresa. Vuelve a hablar
con ellos para decidir cuál compráis.

◇ A mí me gusta el Ibiza, es bonito y bastante económico.
★ Ya, pero el Twingo gasta menos.
○ Yo también prefiero el Ibiza; no es tan bonito como el Twingo pero es más rápido.

6. VIDA PROFESIONAL Y VIDA PRIVADA

A. Escribe el nombre de algunas personas importantes para ti. Pueden tener relación con tu vida profesional o con tu vida privada.

B. Imagina qué están haciendo en este momento esas personas y escríbelo en un papel (¡pero no escribas los nombres!).

+ Probable
Seguro que
Me imagino que

- Probable
A lo mejor

Me imagino que ahora está comiendo y hablando de negocios.

O a lo mejor está tomando un café.

C. Dale el papel a tu compañero. Él va a descubrir quién está haciendo cada una de esas cosas. Para ello, primero va a hacerte preguntas para saber más de esas personas.

◇ ¿Quién es Peter?
★ Es mi hermano.
◇ ¿Y qué hace? ¿Trabaja?
★ Sí, tiene una agencia de publicidad en Nueva York.
◇ Entonces, seguro que trabaja mucho.
★ Sí, bastante.
◇ ¿Y en este momento crees que está comiendo y hablando de negocios...?
★ Sí, o a lo mejor está tomando un café.

7. PLANES Y EXPERIENCIAS

A. Piensa qué cosas estás haciendo o vas a hacer este mes y escríbelas.

B. Comenta tus notas con tu compañero.

◇ Estoy buscando un despacho de alquiler.
★ Ah, ¿os vais a trasladar?
◇ Sí, es que necesitamos más espacio.

◇ ¿Vas a ir al Museo Guggenheim?
★ Sí, estoy haciendo un trabajo sobre arquitectura contemporánea.
◇ ¡Qué interesante!

despacho

Museo Guggenheim

8. ESPIONAJE INDUSTRIAL

Trabajáis en la famosa empresa de refrescos Cocu Col. La competencia, Pipse, va a lanzar al mercado una nueva bebida: Pipse Pasión. Los servicios secretos de Cocu Col han conseguido grabar una reunión confidencial de Pipse.

A. Escucha la grabación de la reunión y recoge toda la información que puedas sobre la nueva bebida. Márcalo en el dibujo.

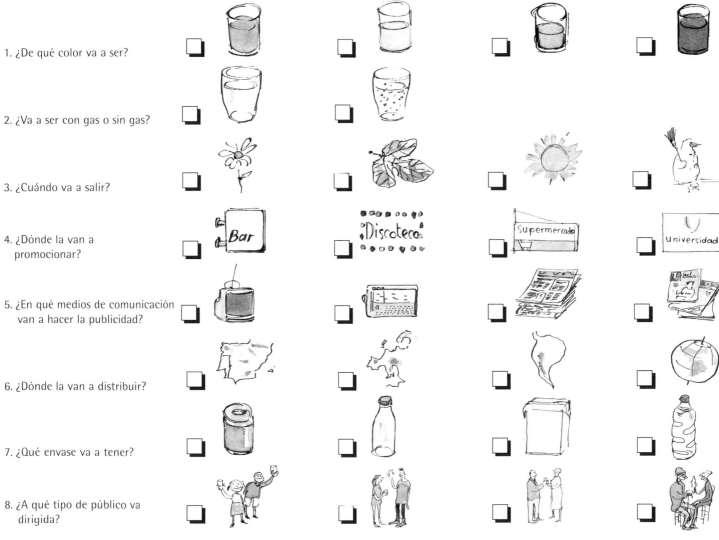

1. ¿De qué color va a ser?

2. ¿Va a ser con gas o sin gas?

3. ¿Cuándo va a salir?

4. ¿Dónde la van a promocionar?

5. ¿En qué medios de comunicación van a hacer la publicidad?

6. ¿Dónde la van a distribuir?

7. ¿Qué envase va a tener?

8. ¿A qué tipo de público va dirigida?

B. Con tu compañero intenta reconstruir la información que has escuchado.

◇ Van a lanzar un refresco con gas.
★ Y van a distribuirlo en...

C. En parejas, pensad en un producto que puede hacer competencia a la nueva bebida Pipse. Tomad notas para después explicárselo a la clase.

◇ Podría ser una bebida sin gas, con un color diferente..., azul, por ejemplo.
★ ¡Sí, azul! Podríamos llamarla "Blueps".

9. FERIA DEL GOURMET

Esta semana, del jueves 11 al domingo 14, vuestra empresa "Catering Heatburn" va a estar presente con un stand en la Feria del Gourmet de Valencia.

A. En parejas A y B. Los dos tenéis que estar en el stand pero también tenéis otros asuntos previstos para esos días.

Preparad cada uno vuestra agenda.

Alumno A.	Alumno B.
Sabes que:	Sabes que:
- El jueves por la tarde vas a visitar a un cliente a Sevilla.	- El jueves por la mañana tienes una reunión con el director general.
- El viernes por la mañana vas a firmar el contrato para los Premios Goya.	- El viernes vas a a estar todo el día en París, tienes que ir a una feria.
- El domingo por la mañana tienes una entrevista con un posible cliente.	- El sábado vas a comer con tu jefe y unos clientes y después de la comida vais a visitar las nuevas instalaciones.

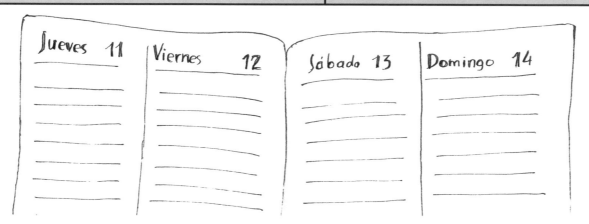

B. Habla con tu compañero para saber si entre los dos podéis atender el stand de la empresa los cuatro días o si vais a necesitar a otra persona.

⬦ Yo puedo estar el jueves por la mañana, por la tarde
no porque voy a visitar a un cliente.
★ Vale, porque yo no puedo estar por la mañana porque
tengo una reunión, pero puedo estar por la tarde.

C. Ahora, si necesitáis ayuda, escribid un correo electrónico al colega que va a sustituiros en el stand.

A:
De:
Fecha:

Hola...
¿Qué tal va todo por ahí?
Como sabes, esta semana _____

_____

_____

....¿crees que podrías sustituirnos tú?

Por favor, necesitamos una respuesta lo antes posible.

Un abrazo

_____

T UN NUEVO PRODUCTO

En grupos de tres. Formáis parte del equipo de I+D (Investigación y Desarrollo) de una importante empresa de productos de alta tecnología. Hoy tenéis una reunión de equipo para desarrollar un nuevo producto.

A. Antes de la reunión piensa qué producto vas a proponer tú. Puedes hacer un dibujo. Prepara unas notas sobre sus características y ventajas.

B. Explica a tus compañeros tu propuesta. ¿Qué les parece?

◇ Es un teléfono móvil con pantalla para ver a la persona con la que estás hablando. Es útil, por ejemplo, para los negocios.
★ Sí, lo que pasa es que va a ser caro producirlo.
◇ Sí, pero seguro que se va a vender muy bien.

C. Ahora decidid qué producto vais a presentar para completar después la ficha.

◇ Bueno, entonces ¿cuál os gusta más?
★ A mí, el que más me gusta es el de Said.

¿cuál os parece mejor?
¿cuál os gusta más?
¿cuál preferís?

D. Completad la ficha técnica con la información de vuestro producto para el Departamento de Producción.

Nombre del producto:
Descripción y utilidad:
Materiales:
Colores:
Tamaño:
Destinatarios:
Precio aproximado de venta al público:
Fecha de lanzamiento:

E. Ahora podéis presentar el producto a vuestros compañeros de clase. Después, entre todos, vais a elegir por votación qué producto merece alguno de estos premios:

◇ Estamos trabajando en un producto que se va a llamar "Mex-3". Es un aparato que sirve para...

el producto más innovador
PREMIO INNOVA

el producto más práctico
PREMIO PRAXIS

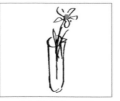
el producto más ecológico
PREMIO ECO

el producto más económico
PREMIO RENTA

GRAMÁTICA

ESTAR + gerundio

Estoy
Estás
Está   diseñando/ampliando/...
Estamos   haciendo/viendo/...
Estáis   produciendo/viviendo/...
Están

gerundios irregulares

leer	leyendo
oír	oyendo
decir	diciendo
dormir	durmiendo

Yo creo que Wolkswagen **está diseñando** un nuevo modelo de coche.
Estoy haciendo un trabajo sobre arquitectura contemporánea.

Imperativo

	-AR	-ER	-IR
tú	Ahorra	Aprende	Vive
	Crea	Atrévete	Abre
	Comunica		
	Visita		
	Llama		
usted	Ahorre	Aprenda	Viva
	Cree	atrévase	Abra
	Comunique		
	Visite		
	Llame		

Ahorre hasta un 75% en las comunicaciones...

Aprende. Crea. Comunica.
Visítanos en http://www.rapple.es.

Hablar de planes: IR A + infinitivo

Voy
Vas
Va   **a + infinitivo**
Vamos
Vais
Van

Yo puedo estar el jueves por la mañana; por la tarde no, porque **voy a visitar** a un cliente.

Situar una acción en el tiempo

mañana/pasado mañana
en primavera/verano/otoño/invierno
en enero/febrero/marzo/abril/mayo/junio/
   julio/agosto/septiembre/octubre/
   noviembre/diciembre
el 2 de enero de 1999
el lunes/martes/miércoles/jueves/viernes/
   sábado/domingo
el próximo año = **el** año **que viene**
la próxima semana = **la** semana **que viene**
dentro de una semana/unos días/un mes...

Hacer una propuesta

condicional de PODER + infinitivo

podría
podrías
podría
podríamos   **+ infinitivo**
podríais
podrían

◇ **Podría** ser una bebida sin gas, con un color diferente... azul, por ejemplo.
★ ¡Sí, azul! **Podríamos** llamarla "Blueps".

Pronombres de objeto directo

LO / LOS

- ◇ Van a hacer un refresco con gas.
- ★ Y van a distribuir**lo** en...

- ◇ Almatel está produciendo 180.000 teléfonos móviles al año.
- ★ ¿Sabes dónde **los** fabrican?

LA / LAS

- ◇ ¿Cuándo va a salir la bebida?¿Dónde **la** van a promocionar?

- ◇ Van a comprar nuevas oficinas en Tenerife.
- ★ ¿Y cuándo **las** van a abrir?

Comparar

Este coche es	**más**	grande	**que**	
		pequeño/a		
	tan	elegante	**como**	el otro.
		moderno		
	menos	rápido/a	**que**	

Este modelo	gasta	**más**	
	consume	**menos**	(**que** el otro).
	cuesta	**lo mismo**	

Es	**mejor**	
	peor	(**que** el otro).
	igual	

Tiene	**el mismo**	diseño	
	la misma	calidad	(**que** el otro).
	los mismos	gastos	
	las mismas	prestaciones	

- ◇ A mí me gusta el Ibiza; es bonito y bastante económico.
- ★ Ya, pero el Twingo gasta **menos**.
- ○ Yo también prefiero el Ibiza; no es **tan** bonito **como** el Twingo pero es **más** rápido.

Describir un producto

Material
Es de cristal y metal.
Color
Es (de color) blanco.
Uso
Sirve para dar luz.
Características
Es un objeto que se rompe fácilmente.
Es una cosa que se vende en ferreterías.
Precio
Cuesta poco, unas 100 pesetas.

Expresar probabilidad

Seguro que...
Me imagino que...
A lo mejor...

Me imagino que ahora está comiendo y hablando de negocios.
A lo mejor está tomando el café.

Valorar

Para mí **lo más importante** es el motor, me gustan los coches potentes.

Añadir información

Yo prefiero el Alfa, tiene más garantía, mejores prestaciones y, **además**, consume menos.

Claves del éxito

1. GRÁFICOS Y BALANCES

A. En una empresa pueden ocurrir muchas cosas, aquí tienes una lista. ¿Cuáles crees que son positivas y cuáles negativas? Comenta con tu compañero por qué.

	+	−
1. Incrementar la facturación		
2. Reducir la plantilla		
3. Disminuir las ventas		
4. Controlar los gastos		
5. Tener un balance positivo		
6. Parar la producción		
7. Aumentar el beneficio		
8. Cerrar una fábrica		

 ◇ Incrementar la facturación es positivo para una empresa porque significa que ha vendido más.
★ Sí, claro.

B. La revista "Mundo Empresarial" ha recogido en sus páginas el balance de diferentes empresas hasta el pasado mes de diciembre. Lee y relaciona cada comentario con su gráfico correspondiente.

1- Este año la empresa ha cambiado de estrategia en la producción de sus artículos. La producción de instrumentos musicales se ha mantenido en un 20% y la de productos electrónicos ha disminuido. La producción de juguetes, sin embargo, ha aumentado debido a la creciente demanda del mercado asiático.

2- Por primera vez en su historia, una de sus factorías, la de Martorell (Barcelona), no ha parado su producción en agosto. Y aunque sólo ha trabajado uno de los tres turnos, ha producido en un mes 27.000 vehículos (en un mes normal 60.000).

3- Dentro de su política de control de gastos ha reducido sus gastos de explotación con respecto al año anterior. Además, de enero a diciembre, ha reducido su plantilla en 212 empleados, 115 hombres y 97 mujeres.

4- El beneficio de la papelera se ha situado en el tercer trimestre en los 7.5 millones de euros, con un aumento del 24 % con respecto al trimestre anterior, mientras que las ventas anuales han aumentado sólo un 10 %.

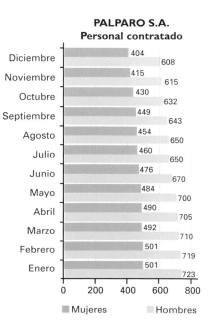

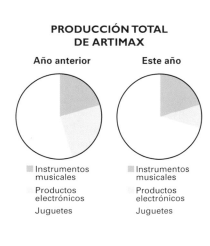

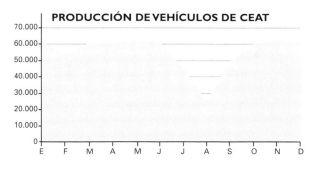

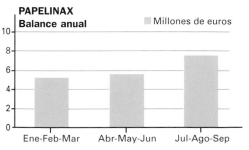

2. CLAVES DEL ÉXITO

Este artículo, publicado en una revista de negocios, define cuáles son las claves para tener éxito en una empresa de nueva creación.

A. Lee y señala los tres puntos que tú consideras más importantes.

EMPRESA

LAS 7 CLAVES PARA ALCANZAR EL ÉXITO

- Controlar los gastos.

- Conocer bien a los consumidores y el mercado.

- Hacer una buena campaña de marketing.

- Contar con buenos profesionales.

- Aportar algo nuevo al mercado.

- Disponer de un gran capital inicial.

- Ofrecer un precio competitivo.

ENTREVISTA

Marta Ventas

Dueña de la cadena de tiendas de moda Novamás

Novamás constituye un caso ejemplar del éxito empresarial. Marta Ventas, dueña de la cadena de tiendas de moda, resume para nuestra revista las bases de su éxito y de su cultura empresarial.

B. ¿En cuántas cosas estás de acuerdo con tus compañeros?

⬦ Para mí, primero hay que conocer bien a los consumidores, luego disponer de un gran capital inicial y, por último, contar con buenos profesionales.

★ Pues para mí, lo primero es hacer una buena campaña de marketing, luego contar con buenos profesionales y después controlar los gastos.

⬦ Entonces estamos de acuerdo en una cosa.

C. Novamás es una empresa que está obteniendo enormes beneficios. Marta Ventas, la propietaria, comenta en una entrevista las claves de su éxito. Escucha y comprueba en cuántas has coincidido con ella.

LAS CLAVES DEL ÉXITO SEGÚN MARTA VENTAS
1.
2.
3.

3. AGENDA DE HOY

A. Son las 9 de la mañana y Mila Ortín, secretaria de la editorial Espriu, tiene muchas cosas que hacer. Comenta con tu compañero qué necesita en cada caso: llamar por teléfono, usar el ordenador o salir de la oficina.

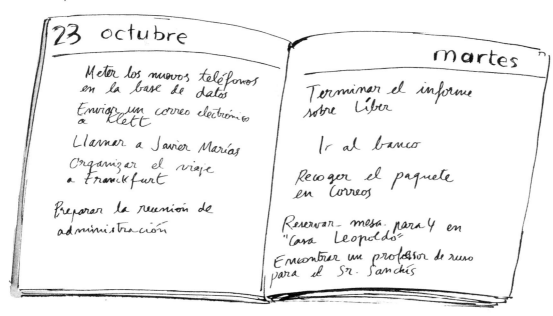

23 octubre — martes

Meter los nuevos teléfonos en la base de datos
Enviar un correo electrónico a Klett
Llamar a Javier Marías
Organizar el viaje a Franckfurt
Preparar la reunión de administración

Terminar el informe sobre Líber
Ir al banco
Recoger el paquete en Correos
Reservar mesa para 4 en "Casa Leopoldo"
Encontrar un profesor de ruso para el Sr. Sanchís

◇ Para meter los nuevos teléfonos en la base de datos necesita
  el ordenador.

B. Unas horas más tarde Mila recibe una llamada del director de Administración. Escucha la conversación y marca en su agenda las cosas que ha hecho. Después, coméntalo con tu compañero.

ya
todavía no

◇ Ya ha recogido el paquete en Correos.
★ Sí, pero todavía no ha terminado el informe sobre Líber.

C. Escucha la conversación otra vez y con ayuda de estos dibujos descubre por qué todavía no ha hecho algunas cosas.

◇ Todavía no ha metido los números de teléfono en la base de
  datos porque el ordenador no funciona.

4. ¿QUIÉN ES QUIÉN?

Los jefes de cuatro departamentos de una empresa de construcción están preparando la reunión del lunes. Hoy es jueves por la tarde y todavía no han hecho todo.

A. Elige a uno de los jefes y cuéntale a tu compañero qué ha hecho ya y qué no ha hecho todavía. Él tiene que descubrir quién es.

Jefe de Planificación

> Estudiar el proyecto de reformas
> ✓ Ver las propuestas de los años anteriores
> ✓ Hacer el plan de trabajo
> ✓ Repasar el documento "Futuras adquisiciones"
>
> ✓ Redactar la nueva propuesta
> Escribir el informe de este año

> OK Escribir el informe de este año
> OK Estudiar el proyecto de reformas
> Redactar la nueva propuesta
> OK Hacer el plan de trabajo
>
> Repasar el documento "Futuras adquisiciones"
> OK Ver las propuestas de los años anteriores

Jefa de Formación

> - Repasar el documento "Futuras adquisiciones".
> V - Ver las propuestas de años anteriores.
> - Escribir el informe de este año.
> V - Estudiar el proyecto de reformas.
> V - Redactar la nueva propuesta.
> V - Hacer el plan de trabajo.

Jefe de Investigación y Desarrollo

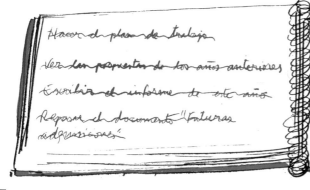

> Hacer el plan de trabajo
> Ver las propuestas de los años anteriores
> Escribir el informe de este año
> Repasar el documento "Futuras adquisiciones"
>
> Estudiar el proyecto de reformas
> Redactar la nueva propuesta

Jefe de Proyectos

◇ Ya ha hecho el plan de trabajo pero todavía no ha escrito el informe.
★ ¿Es el jefe de Planificación?
◇ No.

5. TU BALANCE PERSONAL

A. Piensa en cosas que siempre has querido hacer. Algunas seguro que ya las has hecho, otras quizás no. Escríbelas en un papel.

B. Intercambia el papel con tu compañero. Descubre qué cosas ha hecho.

◇ ¿Ya has acabado la carrera?
★ No, todavía no, pero la acabo este año.
◇ ¿Y qué estás estudiando?

- Acabar la carrera
- Tener un hijo
- Vivir en el extranjero

6. ¿QUÉ TAL EL DÍA?

A. Son las 9 de la noche, María y Roberto ya están en casa. María ha tenido un mal día, en cambio, para Roberto ha sido todo lo contrario. ¿A quién crees que le han pasado estas cosas?

Le han subido el sueldo.

Ha discutido con el jefe.

Ha trabajado demasiado.

Han aprobado su proyecto.

El jefe le ha felicitado.

No ha tenido tiempo para comer.

El jefe le ha invitado a comer.

 B. Escucha ahora cómo cuentan qué les ha pasado hoy y comprueba si tus respuestas son correctas. Coméntalo con tu compañero.

◇ María ha tenido un mal día porque ha
   discutido con el jefe.

C. Busca en la clase a alguien que ha tenido un buen día (o una buena semana) y descubre por qué.

◇ ¿Qué tal el día?
★ Normal. No he hecho nada especial. ¿Y tú?
◇ Muy bien. Esta mañana ha venido mi novio de Amsterdam y hemos pasado todo el día juntos.
★ ¡Qué bien! ¿Y va a estar mucho tiempo?

7. EXPERIENCIAS PROFESIONALES

A. ¿Has tenido estas experiencias alguna vez? Escríbelo debajo.

muchas veces
varias veces
2 ó 3 veces
una vez
. . . nunca

Inventar o diseñar un producto.

Cambiar de trabajo.
Sí, varias veces

Salir en la prensa.

Ganar un concurso.

Hacer un buen negocio.

Tener un trabajo de mucha responsabilidad.

Recibir un premio.

Hacer un curso en el extranjero.

Estar de baja.

Participar en un proyecto.

Salir en la tele.

B. A continuación, selecciona cinco de estas experiencias y escríbelas en la tabla.
Pregunta a tus compañeros y descubre quién ha hecho más veces esas cosas.

	Experiencias	muchas veces	varias veces	2 ó 3 veces	una vez	nunca
1.						
2.						
3.						
4.						
5.						

⬥ ¿Has cambiado de trabajo alguna vez?
★ Sí, muchas veces.
⬥ ¿Y qué trabajos has tenido?

C. Ahora, coméntalo con toda la clase.

⬥ Monique ha cambiado de trabajo muchas veces.

8. INFORMES Y GRÁFICOS

A. Aquí tienes los informes sobre cinco empresas. ¡Cuidado! Los gráficos no son correctos. Localiza el error en cada caso.

EMPRESAS, EMPRESAS

INVERSIÓN EN SEGUNDAS MARCAS

Este año en Caserasa la inversión en segundas marcas como Sarfing y Twim ha afectado al producto principal Micasera que, en consecuencia, ha contado con un porcentaje inferior de la inversión.

INVERSIONES

Micasera 35% Twin 15%
Sarfing 25% Flesh 25%

El año pasado

Micasera 65% Flesh 35%

Este año

GASTOS DE EXPLOTACIÓN

Los gastos de explotación de Tele25 han aumentado en el tercer trimestre en más de 40 millones de euro., Con ello las pérdidas acumuladas se han incrementado considerablemente.

GASTOS

millones de euros — 1er, 2º, 3º, 4º

TRIMESTRES

MENOS VENTAS

En Hotelsa la facturación ha aumentado considerablemente en los últimos 6 meses debido al auge en el servicio de catering y la ocupación hotelera. Recientemente, la cadena ha incorporado 30 nuevos hoteles al grupo.

Evolución de la facturación de Hotelsa en miles de euros

millones de euros — Ene Feb Mar Abr May Jun Jul Ago Sep Oct Nov Dic

CRISIS EN EL SECTOR

El estancamiento del sector de la construcción ha afectado negativamente la fabricación de cemento, que ha caído un 25 % en el 2º semestre de este año. El valor de dicha producción ha descendido hasta situarse en 30 millones de euros.

millones de euros — 1er, 2º

SEMESTRES

NUEVOS COMPETIDORES

Este año Aceites-Oil ha tenido nuevos competidores en el extranjero y por ese motivo la exportación ha disminuido a partir del mes de marzo.

D 20
N 20
O 30
S 35
A 45
J 95
J 90
M 95
A 90
M 95
F 90
E 90

Exportación en Aceites-Oil

B. Comprueba con tu compañero.

◇ El artículo de Caserasa dice que el presupuesto de este año para el producto principal Micasera ha sido inferior, en cambio, en el gráfico vemos que este producto ha contado este año con una inversión superior.

pero
en cambio
sin embargo
mientras que
porque

9. ÉXITOS Y FRACASOS

A. Éstas son algunas posibles causas del éxito o del fracaso de una empresa.
Clasifícalas en uno u otro grupo. Después añade alguna más.

CAUSAS DE ÉXITO		CAUSAS DE FRACASO
	descuidar la atención al cliente	
	dar una buena imagen	
	hacer una buena campaña de publicidad	
	controlar gastos	
	ofrecer un precio competitivo	
	desmotivar a los trabajadores	
	ofrecer poca calidad	

B. En grupos de cuatro, pensad en empresas que actualmente están en crisis y
escribid sus nombres. Después pensad en otras empresas que tienen éxito y
escribid también sus nombres.

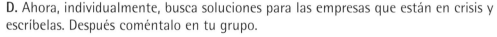

C. En parejas, pensad por qué esas empresas están en crisis o por qué tienen éxito.
Después, discutidlo con el resto del grupo. ¿Estáis de acuerdo?

◇ Crack, S.A. está en crisis porque no ofrece precios competitivos.
★ Y además no se ha adaptado al mercado actual.

D. Ahora, individualmente, busca soluciones para las empresas que están en crisis y
escríbelas. Después coméntalo en tu grupo.

◇ Crack, S.A. tiene que controlar los gastos para poder ofrecer precios
más competitivos.
★ Sí, y cuidar más a sus clientes.

T BUSCAR SOLUCIONES

En grupos de tres. Trabajáis en la consultora Iber-Consulting. La compañía
aérea Europair ha solicitado vuestros servicios.

A. Estos gráficos reflejan la situación de Europair este último año. Interpretadlos y
comentad qué ha pasado.

1. <u>BALANCE</u>

GASTOS
En millones de euros

INGRESOS
En millones de euros

2. GASTOS

Otros 4%
Publicidad 7%
Mantenimiento 19%
Personal 24%
Inversión 16%
Contratación de servicios externos 40%

3. PASAJEROS

■ Vuelos nacionales
□ Vuelos internacionales

 ◇ El número de pasajeros en los vuelos nacionales ha disminuido bastante a partir de mayo, en cambio, ha aumentado en los vuelos internacionales a partir del segundo trimestre.

B. En la prensa han aparecido algunos artículos sobre la crisis de Europair. Leélos y subraya las causas de esa crisis. Después coméntalo con tus compañeros.

EUROPAIR ¿VUELO SIN MOTOR?
Los últimos resultados de la compañía aérea Europair no pueden ser peores. La crisis se debe, entre otras razones, a la dimisión del equipo directivo que, en estos momentos, todavía no ha podido ser sustituido.

EUROPAIR VUELA BAJO
La compañía aérea Europair está atravesando uno de los peores momentos de su historia. Los constantes retrasos en sus vuelos y los numerosos casos de overbooking han dañado considerablemente la imagen de la empresa ante la opinión pública.
De esta mane...

TORMENTA EN EL AIRE
La creciente competencia en el sector de las compañías aéreas, con una fuerte guerra de precios, ha llevado a la crisis a las compañías más pequeñas...
En cambio esta cri... no tie...

 ◇ **Europair ha tenido muchos gastos.**
★ **Sí, y además...**

C. ¿Qué medidas tiene que adoptar Europair para salir de la crisis? Tomad nota de vuestras opiniones. También podéis usar algún gráfico. Preparadlo todo bien para defender vuestra postura en la próxima reunión de Iber -Consulting.

 ◇ **Tienen que hacer una buena campaña de promoción de sus vuelos nacionales.**
★ **Sí, y ofrecer precios más competitivos.**
◇ **¿Precios más competitivos? Pero si es una empresa muy pequeña...**

D. En Iber-Consulting hay una reunión de todos sus equipos de consultores para encontrar soluciones a la crisis de Europair. ¿Cuáles son las tres medidas más urgentes que tiene que adoptar la empresa?

CASO: Crisis de Europair	Fecha:
Medidas urgentes:	
1)	
2)	
3)	

 ◇ **Nosotros pensamos que tienen que invertir más en publicidad, pero antes tienen que reducir gastos.**
★ **Sí, estamos de acuerdo con vosotros.**

GRAMÁTICA

haber + participio

he
has
ha   trabaj**ado**
hemos   ten**ido**
habéis   produc**ido**
han

◇ María **ha tenido** un mal día porque ha discutido con el jefe.

Participios

Verbos en -AR

alcanzar - alcanz**ado**
adaptar - adapt**ado**
redactar - redact**ado**

Verbos en -ER / -IR

obtener - obten**ido**
crecer - crec**ido**
disminuir - disminu**ido**
reducir - reduc**ido**

Irregulares

ver - **visto**
volver - **vuelto**
morir - **muerto**
poner - **puesto**
abrir - **abierto**
hacer - **hecho**
decir - **dicho**
romper - **roto**
escribir - **escrito**

Pretérito perfecto: usos

pasado relacionado con el presente

Hoy
Este mes/trimestre/cuatrimestre/año/verano/...
Esta mañana/tarde/noche/semana/...
Estos días/meses/años/...
Estas semanas/vacaciones/...

Hoy ha trabajado demasiado.
Este año la producción se ha mantenido estable.

sin determinar el momento

Nunca
Una vez
Dos veces
Tres veces
Algunas veces
Muchas veces

★ ¿Has cambiado de trabajo **alguna vez**?
◇ Sí, **muchas veces**.
★ ¿Y qué trabajos has tenido?

ya - todavía no

◇ ¿**Ya** has acabado la carrera?
★ No, **todavía no**, pero la acabo este año.

valorar un día o una actividad

¿Qué tal	el día?	Muy bien.
	la reunión?	Bastante bien.
	el año?	Regular.
	esta mañana?	No muy bien.
	el viaje?	Bastante mal.
	...	Muy mal.
		Fatal.

		fantástico/a.
		fenomenal.
	un día	horroroso/a.
	una reunión	horrible.
Ha sido	un año	
	una mañana	(muy) aburrido/a.
	un viaje	(muy) normal.
		(muy) agradable.
		(muy) interesante.

◇ **¿Qué tal** el día?
★ Muy bien. **Ha sido** un día fantástico.

Expresar obligación

Hay que + infinitivo

◇ Para mí, primero **hay que** conocer bien a los consumidores.

Tener que + infinitivo

◇ Crack **tiene que** controlar los gastos para poder ofrece precios más competitivos.

Mostrar acuerdo y desacuerdo

◇ Nosotros creemos que tienen que invertir más en publicidad porque no han hecho una buena campaña de marketing.
★ **Estamos de acuerdo** con vosotros.
✦ Pues nosotros **no estamos de acuerdo** porque…

Conectores

ordenar ideas
Para mí, **primero** hay que conocer bien a los consumidores, **luego** saber dónde y cuándo invertir y, **por último**, contar con buenos profesionales.

expresar causa
Crack S.A. está en crisis **porque** este año ha tenido una mala gestión.

En Hotelsa ha descendido la facturación **debido a** la venta del catering y de varios hoteles.

expresar consecuencia
Este año Aceites-Oil ha tenido nuevos competidores en el extranjero y **por ese motivo** ha disminuido la exportación.

Este año en Caserasa la inversión en segundas marcas ha afectado al producto principal Micascra que, **en consecuencia**, ha contado con un presupuesto inferior al de otros años.

contrastar ideas
La facturación ha aumentado el 48,7% **mientras que** las ventas totales de la cadena han crecido sólo el 44,7%.

Este año la producción de instrumentos musicales se ha mantenido estable, **en cambio** la fabricación de juguetes se ha incrementando.

El artículo dice que este año la inversión en segundas marcas ha afectado al producto principal, **pero** en el gráfico vemos que las inversiones este año han sido superiores.

El número de pasajeros en los vuelos nacionales ha disminuido, **sin embargo**, ha aumentado en los vuelos internacionales.

Agencias de viajes

1. VACACIONES EN TENERIFE

A. Aquí tienes una oferta de viaje para ir una semana a Tenerife. Relaciona estos dibujos con el texto del anuncio.

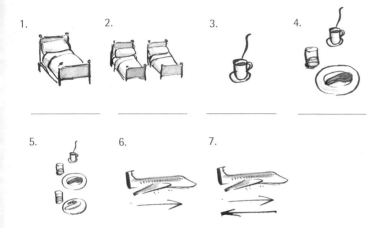

1.   2.   3.   4.

5.   6.   7.

SEMANA EN LAS ISLAS CANARIAS

Vacaciones bajo el sol

LLAME AHORA AL 900455400

OFERTA

VACACIONES EN TENERIFE *VIAJES MARISOL*

HOTEL ☆☆☆☆ (7 noches)	SA	AD	MP	PC	DÍA EXTRA
Habitación individual *	350€	372€	414€	459€	75€
Habitación doble *	525€	547€	589€	617€	120€

* Todas las habitaciones tienen baño.

SA: Sólo alojamiento, **AD**: Alojamiento y desayuno, **MP**: Media pensión, **PC**: Pensión completa

VUELO DIRECTO

Sólo avión (Salidas lunes y miércoles)
Ida y vuelta: 209€   (Tasas de aeropuerto no incluidas)

B. Todas estas personas quieren hacer un viaje y han esperado hasta el último momento para hacer la reserva. ¿A quién crees que le puede interesar esta oferta? Coméntalo con tu compañero.

Marta

Tiene una semana de vacaciones. Ha tenido mucho trabajo y necesita descansar. Le encanta la playa y tomar el sol. Puede gastar unos 700 euros en el avión y el alojamiento. Empieza las vaciones el próximo jueves.

Marisa y Felipe

Quieren pasar sus vacaciones en alguna ciudad cosmopolita. Les interesa la arquitectura, la historia y el arte en general. No pueden gastar mucho en el viaje. Sus vacaciones empiezan este viernes. Tienen poco tiempo para decidirse.

Eduardo

Le gustan mucho los deportes, en especial el esquí y el surfing. Quiere ir a algún sitio con un buen clima por lo menos una semana, pero puede ser más; tiene 15 días de vacaciones a partir del próximo lunes. No le importa el precio del viaje pero si encuentra una oferta interesante...

◇ A Marta le puede interesar la oferta porque le gusta la playa y tomar el sol.
★ Sí pero...

C. Escucha cómo hacen una reserva por teléfono y completa la tabla.

	Ida	Vuelta
Día		
Hora		
Compañía aérea		
Precio del vuelo		
Alojamiento		

2. AGENCIA DE VIAJES GLOBO-TOUR

A. En Globo-Tour hoy todo el mundo tiene mucho trabajo. Fíjate en los dibujos y piensa quién puede pedir estas cosas.

☐ Envíe un catálogo por correo electrónico a todos estos clientes.

☐ Muy bien, entonces confirmamos su reserva. ¿Podría darme los datos de su tarjeta de crédito?

☐ ¿Puede mirar qué precio tiene el billete a Manila en primera?

☐ Mira, estas cartas son para Correos. ¿El paquete puedes entregarlo antes de las 12.00?

☐ Toma Luis, dale esto a Gema.

 B. Ahora escucha y comprueba.

 C. Escucha otra vez y completa la tabla. ¿Pueden hacer lo que les han pedido?

	Sí	No
1		
2		
3		
4		
5		

3. TRANSPORTE URGENTE

A. El director de una importante empresa de transportes escribe el viernes a última hora un correo electrónico a su secretaria pidiéndole algunas cosas. Haz una lista de lo que le pide.

Querida Charo:

Como voy a estar fuera hasta el próximo jueves, y la semana que viene vamos a a tener mucho trabajo, te dejo esta nota con las cosas más urgentes:

Todavía no sabemos cuándo tenemos la reunión en el Ministerio de Transporte, ¿puedes hablar con ellos y proponerles la primera semana de abril? Si ellos no tienen ningún problema, yo prefiero el lunes o el martes.
Si puedes, por favor, habla el lunes con Pedro, el jefe de Personal, para saber cuándo empiezan los nuevos comerciales. Todavía no hemos preparado sus contratos.
Acuérdate también de pedirle a Begoña del Departamento de Formación los programas de los cursos para este año. Los necesito el viernes a primera hora.

Te llamaré el miércoles para ver cómo va todo. ¿De acuerdo?

Un abrazo.

Diego

B. Hoy es miércoles y Diego llama a Charo para ver cómo van las cosas.
Ordena la conversación.

1.
- Sí, dígame.
- ¡Hola Charo! Soy Diego, ¿qué tal por ahí?
- Bien, muy bien, ¿y tú, qué tal?
- Bueno... estoy agotado, no he parado en todos estos días, tengo unas ganas de llegar al hotel...
- Pues por aquí también andamos muy liados, tenemos muchísimo trabajo pero todo va bien.

- Muy bien, entonces le digo que los contratos son urgentes.
- Exacto. Por cierto, ¿has visto a Begoña?
- Sí, la he visto esta mañana. Me ha preguntado si necesitas para el viernes los programas de todos los cursos o sólo de algunos. Dice que ha tenido mucho trabajo esta semana...

- Me alegro, me alegro. Oye, has recibido mi mensaje, ¿verdad?
- Sí, claro. Ya he hablado con los del Ministerio, con Enrique Punzano, y me ha dicho que no hay ningún problema y que podéis tener la reunión el martes 24 a las 10 de la mañana.
- Oye... ¿y lo de los contratos cómo va?

- Vale, venga que te vaya bien.
- A ti también, ¡hasta luego!
- Adiós, ¡hasta luego!

- Ah, sí, he hablado con Pedro del Departamento de Personal. Me ha preguntado que cuándo comienza la campaña. Dice que no es necesario contratar a nadie antes de la promoción pero que necesita saber algo pronto.
- Dile que la promoción empieza el mes que viene. Así que ya puede empezar a hacer los contratos.

- Ya, ya lo sé. Dile que no, que todos no, pero que necesito los programas para los cursos de marketing.
- Entonces, sólo para los cursos de marketing, muy bien.
- Muchas gracias Charo, eres un sol. Ahora te dejo, que me están esperando. Te veo el viernes, ¿vale?

C. Escucha la conversación y comprueba.

D. Éstas son las palabras textuales del señor Punzano del Ministerio de Transporte.
¿Qué le dicen a Charo Pedro del Departamento de Personal y Begoña de
Formación?

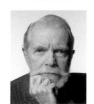

"No hay ningún problema. Podemos tener la reunión el martes 24 a las 10 de la mañana."

Enrique Punzano

Pedro Ramos

Begoña Montmany

4. EL MAYORISTA

Unos mayoristas están buscando un hotel para alojar a sus clientes. La mitad de la
clase son mayoristas, la otra mitad son propietarios de un hotel.
A. Completa tu ficha.

Si eres mayorista:
Necesitas alojar a un grupo de personas en un hotel.
¿Cómo es el grupo? ¿Qué tipo de hotel necesitan? Rellena
la ficha. Tú decides.

Si eres propietario de un hotel:
Trabajas con mayoristas y recibes grupos durante todo el
año. Piensa en las características de tu hotel y rellena la
ficha. Tú decides.

Nº de personas: **Fecha del viaje:**

Características del grupo:
_____
_____
_____
_____

Categoría del hotel:
Tipo de alojamiento:
Presupuesto aproximado por persona:
Nº de habitaciones individuales:
Nº de habitaciones dobles:

Régimen:
❑ Sólo alojamiento
❑ Alojamiento y desayuno
❑ Media pensión
❑ Pensión completa

Observaciones:
_____
_____
_____

Nombre del hotel:
Categoría:
Nº de plazas:
Nº de habitaciones individuales:
Nº de habitaciones dobles:
Instalaciones y servicios:

LISTA DE PRECIOS

	Habitación individual	Habitación doble
Tarifa normal		
Tarifa verano (julio/agosto)		

Suplementos:
Desayuno _____
Comida _____
Cena _____

Descuentos a grupos:

B. Ahora los mayoristas pueden buscar el hotel que mejor se adapta a las necesidades
de sus clientes. Para ello tienen que pedir información a diferentes propietarios de
hoteles y hacer la reserva en el que les parezca más adecuado.

◇ Necesito un hotel con piscina.
★ Nuestro hotel tiene dos piscinas y está muy cerca del mar.
◇ ¿Y la habitación doble con pensión completa cuánto cuesta?
★ Sólo 12.000 pesetas por día. Si su grupo supera las cien personas, le ofrecemos un 15 % de descuento.

RESERVA

Hotel:

Nº de habitaciones individuales:

Nº de habitaciones dobles:

Instalaciones y servicios que ofrece el hotel:

Régimen:
❑ Sólo alojamiento
❑ Alojamiento y desayuno
❑ Media pensión
❑ Pensión completa

Total precio:

5. DECLARACIONES DEL MINISTRO

A. El ministro de Turismo, en una entrevista para la revista "Hotel", ha hecho estas declaraciones sobre la situación del sector. Relaciona las dos columnas.

1 Si se aprueba el proyecto para la conservación de las costas,

A la temporada de esquí será excelente.

2 Si la campaña de promoción que estamos realizando en Japón tiene éxito,

B nuestras playas serán más bonitas y más limpias.

3 Si esta temporada la ocupación hotelera es del 100 %,

C la inflación alcanzará el 3%.

4 Si este verano suben los precios de los servicios hoteleros,

D las compañías aéreas deberán pagar sanciones importantes.

5 Si vuelven a aparecer casos de overbooking en los vuelos charter,

E el próximo año tendremos que estudiar la posibilidad de crear más plazas.

6 Si este invierno nieva como el año pasado,

F la extenderemos a otros países asiáticos.

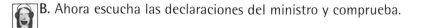 **B.** Ahora escucha las declaraciones del ministro y comprueba.

6. MARTES 13 EN LA OFICINA

En parejas A y B.

Alumno A.

Hoy es martes 13, estás enfermo y no puedes ir al trabajo. Tienes muchas cosas
que hacer y llamas por teléfono a un compañero para pedirle ayuda.
Decide qué vas a pedirle y señálalo. Tú decides.

☐ **Comunicarle al jefe que estás enfermo.**
☐ **Aplazar la reunión de la tarde con un cliente.**
☐ **Cancelar la visita a la empresa Comex.**
☐ **Preparar la documentación para el nuevo cliente.**
☐ **Mandar el pedido por fax a la fábrica.**
☐ **Contestar el correo electrónico del jefe de Administración.**
☐ **Mirar en la agenda del ordenador si hay alguna entrevista concertada para la tarde.**
☐ **Escribir una carta a los distribuidores.**

Ahora llama por teléfono a tu compañero y pídele lo que necesitas.

Alumno B.

Es martes 13 y en la oficina las cosas no funcionan muy bien. Indica cuál es la
situación en tu despacho. Tú decides.

☐ **El ordenador se ha bloqueado.**
☐ **Tienes problemas con la línea de teléfono.**
☐ **Se ha terminado el papel y los sobres con membrete.**
☐ **El jefe está de mal humor y no quiere ver a nadie.**
☐ **No encuentras la llave del archivo donde está la documentación para los clientes.**
☐ **Hoy vas a salir antes de la oficina porque tienes que ir al médico.**
☐ **La impresora no funciona.**
☐ **Se ha puesto enferma la recepcionista y tú tienes que atender el teléfono.**

Un compañero de la oficina te va a llamar por teléfono para pedirte algunas cosas.
Habla con él e intenta ayudarle.

◇ ¿Diga?
★ Hola, mira, soy yo, que hoy no voy a ir a trabajar, es que no me
   encuentro nada bien. ¿Puedes decírselo al jefe?
◇ Pues, mira, es que hoy está de mal humor y no quiere ver a
   nadie... pero lo intentaré...
✝ Vale, te lo agradezco. Ah, otra cosa, ¿podrías...?

7. NOTICIAS

A. El popular programa de radio "Desaparecidos" ha emitido esta información sobre la famosa empresaria Alicia Coplovez. Escucha la noticia y coméntala con tu compañero.

◇ En las noticias dicen que Alicia Coplovez...

B. La policia ha descubierto una carta escrita por Alicia Coplovez dirigida a su hermana Ester. Léela. ¿Qué ha pasado?

Málaga, 9 de noviembre

Querida hermana:

Te escribo esta carta porque necesito organizarme las ideas. Estoy en una situación complicada y no sé qué hacer.

Los negocios van muy mal, nadie lo sabe, pero si continuamos así, tendremos que cerrar todas las empresas. El problema es que debemos mucho dinero y yo he recibido ya varias amenazas. Sé que nuestros acreedores son muy peligrosos, pero no les tengo miedo, no pueden hacerme nada porque tengo información confidencial sobre sus actividades ilegales.

Por otro lado, mi marido está muy raro últimamente. Sospecho que está tramando algo. Nuestro matrimonio no funciona y él sabe que si me divorcio, no tendrá ningún derecho sobre las empresas, porque todo está a mi nombre.

Además, mi secretario Ramón, que está enamorado de mí, no soporta verme tan desesperada y me ha propuesto hacer un viaje en barco por todo el mundo. ¡Es el sueño de mi vida! Por cierto, ¿tienes tú las llaves del barco? No las encuentro. ¡Ay, Ester! ¿Qué hago? Ramón es tan atractivo... el único problema es que le gusta mucho el dinero.

Bueno, querida, te llamaré muy pronto para decirte alguna cosa.

Besos

Alicia

Como ves, el caso no está claro, hay varias posibilidades. En grupos de tres escoged cada uno una opción e intentad convencer a vuestros compañeros.

Alumno A.
Crees que han secuestrado a Alicia. Defiende tu teoría.

Alumno B.
Crees que su marido la ha asesinado. Defiende tu teoría.

Alumno C.
Crees que se ha ido con Ramón. Defiende tu teoría.

 ◇ Yo creo que se ha ido con Ramón porque en la carta dice que...

C. Han pasado unos días y Ester ha recibido un mensaje en su contestador. ¿Quieres saber qué ha pasado realmente con su hermana?

8. ¿QUÉ HARÁS SI...?

A. Mañana llega la señora Canals, directora de la empresa Monfort. Es una clienta muy importante. En la oficina lo habéis organizado todo muy bien. Queréis que la visita sea un éxito. Pero ¿qué haréis si mañana os surgen estos contratiempos?

- El avión no llega.
- La compañía aérea pierde su equipaje.
- En el aeropuerto descubrís que no sabéis cómo es físicamente la señora Canals.
- Los taxistas están en huelga.
- Las secretarias de vuestra oficina están enfermas.
- El contrato que tiene que firmar no está preparado.
- El hotel donde habéis reservado su habitación está completo.
- De repente os ponéis muy enfermos y no podéis recibirla.
- La señora Canals quiere visitar vuestras oficinas pero estáis en obras.

◇ Si el avión no llega, llamaremos a la compañía para saber si ha habido algún problema.
★ Sí, sí, buena idea.

T PREPARAR UN VIAJE

A. Trabajas en la agencia de viajes "Trotamundos". Hoy es lunes 10 de julio y recibes este fax de un buen cliente. Léelo y rellena la ficha.

FAX

A: Viajes Trotamundos
De: Carmela Manrique
Nº de páginas: 1
Fecha: 10 de julio

Instituto Quijano

Apreciados amigos:

Tal como hemos hablado esta mañana, os envío los datos para la reserva.

Necesito dos billetes a Praga para la próxima semana. Quiero la ida para el lunes de la semana que viene pero, por favor, la hora de llegada tiene que ser antes de las 12.00. La vuelta para el miércoles por la tarde preferiblemente, pero también puede ser por la noche. ¿Podríais buscar un buen hotel? Un cuatro estrellas, por ejemplo. Tiene que estar en el centro de la ciudad. Por cierto, en habitaciones individuales ¿eh?

A ver si encontráis una buena oferta... Necesitamos saber algo lo antes posible. ¿Podéis decirnos alguna cosa hoy mismo?

Espero vuestra respuesta.

Carmela Manrique

Empresa:	
Persona de contacto:	
Destino:	
Día de ida:	
Hora:	
Día de vuelta:	
Hora:	
Nº de personas:	
Alojamiento:	
Observaciones:	
Precio:	

B. ¿Qué ofertas responden a las necesidades de tu cliente? Valora las ventajas e incovenientes de cada una y coméntalo con tu compañero.

   ◇ La oferta de Avia-Tours con CLM no está
     mal, pueden estar en Praga a las 12.00...

Mayorista: **Avia-Tours AT**	Mayorista: **Bullmantur**	Mayorista: **Avia-Tours AT**	Mayorista: **Viajes Ispania**	Mayorista: **Bullmantur**
Vuelo: de L a V	Vuelo: de L a V	Vuelo: de L a V	Vuelo: L, X, V y S	Vuelo: L, X, V y S
Compañia: CLM	Compañia: Chesa	Compañia: Chesa	Compañia: EuroAir	Compañia: Iberair
Ida: 10.15 - 12.00	Ida: 9.40 - 11.25	Ida: 9.40 - 11.25	Ida: 11.10 - 12.55	Ida: 10.00 - 11.45
Vuelta: 17.00 - 18.45	Vuelta: 22.00 - 23.45	Vuelta: 17.00 - 18.45	Vuelta: 19.00 - 20.45	Vuelta: 21.00 - 22.45
Alojamiento: Hotel Brno *** (a 30 min. del centro)	Alojamiento: Hotel Bratislava**** (céntrico)	Alojamiento: Hotel Ostrava **** (céntrico)	Alojamiento: Hotel Orava **** (céntrico)	Alojamiento: Hotel Karlo***** (céntrico)
Fechas de validez: 01/01 - 31/08	Fechas de validez: 15/05 - 31/07	Fechas de validez: 01/07 - 31/07	Fechas de validez: 01/07 - 31/08	Fechas de validez: 15/07 - 15/08
Precio: 600 euros (Incluye vuelo y dos noches de hotel)	Precio: 500 euros (Incluye vuelo y dos noches de hotel)	Precio: 600 euros (Incluye vuelo y dos noches de hotel)	Precio: 450 euros (Incluye vuelo y dos noches de hotel)	Precio: 750 euros (Incluye vuelo y dos noches de hotel)
Mínimo: 2 días	Mínimo: 2 días	Mínimo: 4 días	Mínimo: 2 días	Mínimo: 2 días
Máximo: 30 días	Máximo: 15 días	Máximo: 30 días	Máximo: 15 días	Máximo: 30 días
* Estos billetes no admiten cambio de reserva, ni reembolso por cancelación.	* Estos billetes no admiten cambio de reserva, ni reembolso por cancelación.	* Estos billetes no admiten cambio de reserva, ni reembolso por cancelación.	* Estos billetes no admiten cambio de reserva, ni reembolso por cancelación.	* Estos billetes no admiten cambio de reserva, ni reembolso por cancelación.

C. Necesitas dar una respuesta pronto a tu cliente, pero no estás en la oficina. Merche, tu secretaria, te llama al móvil y te deja un mensaje. Escucha el mensaje y comenta con tu compañero si ha habido algún cambio en las ofertas de los mayoristas.

D. Finalmente, ¿qué ofertas crees que puedes ofrecerle a tu cliente? Escribe un correo electrónico al Instituto Quijano y explícales qué opciones tienen. Necesitas que te confirmen la reserva lo antes posible.

A: cmanrique@quijano.arrak.es
De:
Fecha:

Querida Carmela:
Respecto a los dos billetes que necesitas para Praga para el lunes 17 con vuelta el miércoles 19 podemos ofrecerte...

Un saludo.

GRAMÁTICA

	-AR	-ER	-IR
TÚ	habla	responde	escribe
USTED	hable	responda	escriba

irregulares

poner	**pon/ponga**
decir	**di/diga**
hacer	**haz/haga**
salir	**sal/salga**
ser	**sé/sea**
ir	**ve/vaya**
tener	**ten/tenga**
venir	**ven/venga**

Pedir en situaciones de jerarquía o de confianza

Envíe un catálogo por correo electrónico a todos estos clientes.

Por favor, **habla** el lunes con Pedro, el jefe de Personal, para saber cuándo empiezan los nuevos comerciales.

Pedir a otros: PODER + infinitivo

¿Podría(s) + infinitivo ?
Muy bien, entonces confirmamos su reserva. ¿**Podría darme** los datos de su tarjeta de crédito?

¿Puede(s) + infinitivo ?
¿**Puede mirar** qué precio tiene el billete a Manila en primera?

FUTURO

llamar**é**
llamar**ás**
llamar**á**
llamar**emos**
llamar**éis**
llamar**án**

irregulares

tener	**tendr**	é
salir	**saldr**	ás
poner	**pondr**	á
poder	**podr** +	emos
venir	**vendr**	éis
hacer	**har**	án
decir	**dir**	

◇ **Te llamaré** el miércoles para ver cómo va todo.

Expresar una condición

condición (si + presente, presente)
◇ **Si** su grupo supera las cien personas, **le ofrecemos** un 15 % de descuento.

condición (si + presente, futuro)
◇ **Si** el avión no **llega, llamaré** a la compañía para saber si ha habido algún problema.

Transmitir palabras de otros

◇ No hay ningún problema, podemos tener la reunión el martes 24.

Me ha dicho que no hay ningún problema y que podéis tener la reunión el martes 24.

◇ He tenido mucho trabajo esta semana.

Dice que ha tenido mucho trabajo esta semana.

◇ ¿Necesita los programas de todos los cursos?

Pregunta si necesitas los programas de todos los cursos.

◇ ¿Cuándo comienza la campaña?

Me ha preguntado (que) cuándo comienza la campaña.

Pronombres de objeto directo + indirecto: SE + LO/LA/LOS/LAS

le/s ⟶ se

◇ ¿**Le** has dicho al jefe que hoy no puedo ir a trabajar?
★ No, pero **se lo** diré esta tarde.
◇ ¿Puedes decír**selo** antes?

Excusarse

◇ Hola, mira, soy yo, que hoy no voy a ir a trabajar. **Es que** no me encuentro nada bien. ¿Puedes decírselo al jefe?
★ Pues, mira, **es que** hoy está de mal humor y no quiere ver a nadie... pero lo intentaré.

Justificar una acción

Como voy a estar fuera hasta el próximo jueves y la próxima semana vamos a tener mucho trabajo, te dejo esta nota con las cosas más urgentes.

Expresar urgencia

◇ Necesitamos el presupuesto **lo antes posible**.

Hacer una reserva

◇ Quería hacer una reserva.
★ ¿Para qué días?
◇ La ida para el día 1 y la vuelta para el 7.
★ Lo siento, para el día 1 está todo completo.

Formación y experiencia

1. RICOS Y FAMOSOS

A. Éstas son las fotos de algunos famosos. ¿Sabes cómo se llaman? Comenta con tus compañeros todo lo que sabes de ellos.

1.

2.

☐ Bill Gates

☐ Coco Chanel

☐ Anita Roddick

☐ Gianni Versace

3.

4.

```
◇ Éste es Bill Gates, ¿no?
★ Sí, es el de Microsoft, el que
   tiene la empresa de software más
   grande del mundo.
◇ ¿Y ésta quién es?
```

B. Éstos son algunos hechos de la vida de estas personas. ¿A quién corresponden?

Nació en Calabria (Italia) y allí vivió hasta los 26 años. Murió asesinado en Miami en 1997.	

Nació en Seattle y estudió en Harvard. Creó su primer programa informático a los 12 años.	

Fundó "The Body Shop", una empresa de productos naturales para la higiene, la cosmética y el cuidado corporal.	

Abrió sus primeras tiendas en Deauville y París en 1914. Diseñó bolsos y bisutería para elegantes trajes de fiesta en los años 30.	

C. Ahora tú, piensa en un personaje famoso. Escribe todo lo que sabes y cuéntaselo a tu compañero. Tiene que descubrir de quién hablas.

```
◇ Trabajó en la construcción de motores de coches y camiones. Se casó con una
   española y puso a sus automóviles el nombre de su mujer, Mercedes.
★ ¿Ford?
◇ No.
```

Carl Friedrich Benz

2. CARTAS DE PRESENTACIÓN

A. Una empresa de importación ha publicado un anuncio para contratar a una secretaria. ¿Cuáles serán sus funciones? ¿Cuáles son los requisitos para optar al puesto?

FUNCIONES	REQUISITOS

EMPRESA DE IMPORTACIÓN **Líder en el sector**	El País, 7 de febrero de 1999

Desea contratar
SECRETARIA DE DIRECCIÓN (Ref.: SDG-429)
Será responsable de la correspondencia, agenda, viajes y presentaciones del director general.

Se requiere: Persona de entre 30 y 40 años, con 8 años de experiencia en funciones de secretaria y 2 años de secretaria de dirección. Buenos conocimientos de sistemas informáticos. Dominio de inglés y francés. Se valorará experiencia internacional.

Se ofrece: Incorporacón inmediata en equipo dinámico. Formación continua. Remuneración a convenir.

Interesados, enviar currículum vitae y foto reciente al apartado de correos 156.110, 28080 Madrid.

B. Lee las cartas de presentación que han enviado, junto con su currículum, dos personas interesadas en el puesto. Subraya qué han hecho en su vida profesional.

Mª José Mazo
C/ Manuel de Falla, 11- 4°G
46014 Valencia

Madrid, 8 de febrero de 1999

Muy Sres. míos:

Me dirijo a Uds. con motivo de la oferta de trabajo aparecida en "El País" el 7 de febrero. Como verán por el CV que adjunto, me licencié en Ciencias Económicas en la Universidad de Granada en junio de 1991 y al mes siguiente empecé a trabajar en el sector de la importación para la empresa Impor España, S.A. en Madrid, donde estuve tres años. Me trasladé a Australia con la empresa y allí viví otros tres años. Después volví a España para trabajar en Export Internacional, una conocida empresa de importación y exportación, donde trabajo en la actualidad como secretaria de dirección.

Quedo a su entera disposición para cualquier aclaración que necesiten.

Atentamente,

Mª José Mazo

Susana Gil González
C/ Duque de Lerma, 5
45004 Bilbao

Bilbao, 9 de febrero de 1999

Sr. Director:

Por la presente me dirijo a Ud. en respuesta al anuncio publicado en "El País" el 7 de febrero.
Como podrán observar en mi Currículum, terminé mis estudios de Secretariado en 1990. Al año siguiente me fui a Canadá para perfeccionar mis conocimientos de inglés y francés. Allí estuve trabajando como secretaria durante 2 años y medio y en el 93, cuando volví a Madrid, trabajé en una multinacional de telecomunicaciones como secretaria bilingüe hasta 1996, fecha en la que me incorporé como secretaria de dirección a la empresa L'Areal, en Bilbao, donde trabajo desde entonces.

En espera de sus noticias, les saluda atentamente,

Susana Gil González.

C. Completa el cuadro con la información de las cartas. ¿Quién crees que tiene el perfil más adecuado para este puesto?

SELECCIÓN DE CANDIDATOS Ref.: SDG-429				
NOMBRE	FORMACIÓN	EXPERIENCIA	AÑOS	LUGAR

3. PROCESO DE SELECCIÓN

A. El Departamento de Recursos Humanos de una cadena de hoteles ha seleccionado a dos candidatos para un puesto de animador: Hugo y Mercedes. Después de las entrevistas comentan sus impresiones. Completa los informes.

Informe n°47

Candidato:
Hugo Torroja Gil

Cualidades personales:	
+	-

activo/a
trabajador/a
dinámico/a
creativo/a
(des)organizado/a
tiene buena presencia
tiene un trato agradable
(des)agradable
perfeccionista
flexible

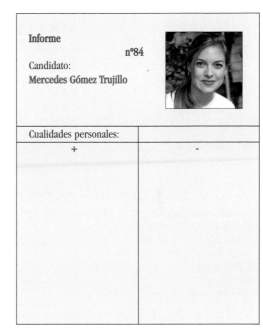

Informe n°84

Candidato:
Mercedes Gómez Trujillo

Cualidades personales:	
+	-

B. ¿A quién crees que van a elegir? Coméntalo con tu compañero.

◇ Yo creo que **van a elegir** a Mercedes porque tiene muy buena presencia.
★ Ya, pero eso no es **tan** importante. Hugo es muy dinámico y...

C. Escucha y comprueba a quién eligen.

4. PUESTOS DE TRABAJO

Aquí tienes algunas ofertas de empleo aparecidas en la sección "Trabajo" de un periódico. ¿Qué cualidades crees que deben tener los candidatos?

Director/a para Escuela de Negocios. Interesados mandar CV al Apartado de Correos 106.287. 28010 Madrid

EURODISNEY necesita RECEPCIONISTAS para el centro de atención al cliente. Llamar lunes y martes De 9 a 2 y de 5 a 8 Tel. 913 616 234

TANDEM DDB precisa PUBLICISTA para Barcelona Bruc, 21, 1° 08010 Barcelona. Tel.: 933011118

CUALIDADES:

SER	TENER
amable	iniciativa
responsable	facilidad para las relaciones humanas
buen comunicador	capacidad de decisión
paciente	dotes de mando
educado	facilidad para delegar en otros
organizado	buena presencia
creativo	mucha experiencia

◇ Un director de una escuela de negocios tiene que tener **dotes de mando**.
★ Sí, me imagino que sí, pero yo creo que también tiene que ser buen comunicador.

5. SOCIAS

Aquí tienes un fragmento de un artículo publicado en la revista "Socios" sobre dos empresarias: Carmen y Lola Fernández. Léelo y busca con tu compañero cinco cosas que tienen en común estas dos hermanas.

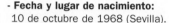

| **SOCIOS** | **Mujeres y empresas** |

Las hermanas Carmen y Lola Fernández son socias fundadoras de "El Parnaso" (café, sala de exposiciones y librería). Profesionalmente optaron por caminos muy diferentes, pero ahora el destino las ha unido y comparten una de las más novedosas y rentables cadenas de librerías de España.

Lola Fernández

- **Fecha y lugar de nacimiento:**
  11 de septiembre de 1965 (Sevilla).
- **Estudios:**
  BUP y COU en el Liceo francés Monet (Sevilla).
  Curso de interpretación en la escuela de arte dramático "La Comédie" (París).
- **Experiencia profesional:**
  1985-1988: Compañía de teatro "Pimpilimpausa" (Segovia).
  1988-1990: John's Theatre Company (Londres).
  1990-1992: Relaciones públicas de "Pop Art Gallery" (Nueva York).
  1992-1994: Directora de la Fundación "Jóvenes artistas" (Madrid).
  1994-1998: Crea la Fundación "Jóvenes con talento" (Sevilla).
  1998: Funda la cadena de librerías "El Parnaso" (Barcelona).
- **Becas y premios:**
  1998: Premio a la iniciativa empresarial.

Carmen Fernández

- **Fecha y lugar de nacimiento:**
  10 de octubre de 1968 (Sevilla).
- **Estudios:**
  BUP y COU en el Liceo francés Monet (Sevilla).
  Licenciada en Empresariales y Master en Gestión y Administración de Empresas (Sevilla).
- **Experiencia profesional:**
  1991-1992: Prácticas en Edit-Libro (Sevilla).
  1992-1993: Gerente de la Fundación "Jóvenes Artistas" (Madrid).
  1993-1998: Directora comercial de la Editorial Alfalara (Barcelona).
  1998: Funda la cadena de librerías "El Parnaso" (Barcelona).
- **Becas y premios:**
  1991-1992: Beca de colaboración en Edit-libro.
  1998: Premio a la iniciativa empresarial.

◇ Las dos nacieron en Sevilla.
★ Sí, una en el 65 y la otra en el 68.

6. EL AÑO PASADO

Habla con tus compañeros de clase sobre las experiencias que tuvieron el año pasado y qué tal les fue. Intenta completar todo el cuadro.

	¿Quién?	¿Qué tal?
Empezó a trabajar		
Estuvo en otro país		
Hizo una entrevista de trabajo		
Hizo un examen importante		
Presentó un proyecto		
Cambió de trabajo		
Compró acciones		

muy bien
bien
bastante bien
regular
no muy bien
mal
muy mal
fatal

◇ ¿Empezaste a trabajar el año pasado?
★ Sí.
◇ ¿Y qué tal?
★ Pues al principio fatal, pero ahora muy bien; estoy muy contento.

7. CHUPA CHUPS

Aquí tienes los fotogramas de un reportaje sobre Chupa Chups, una famosa
empresa española que fabrica caramelos con palo.

A. En parejas, ¿podéis escribir la historia de Chupa Chups?

8. EN TU TRABAJO O EN TUS ESTUDIOS

A. Piensa y escribe cuándo fue la última vez que te pasaron estas cosas. Puedes añadir otras frases.

1. Tuve vacaciones *el año pasado*
2. Me subieron el sueldo o me dieron una beca _____
3. Me felicitaron por un trabajo _____
4. Hice un viaje interesante _____
5. Discutí con alguien _____
6. Soñé con mi jefe/un profesor _____
7. Me levanté muy temprano _____
8. Me tomé un café con mis compañeros _____
9. Trabajé/estudié más de 8 horas _____
10. Me echaron una bronca _____

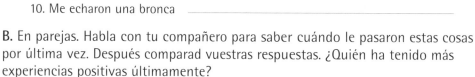

ayer
anteayer
hace 2 días
la semana pasada
hace 3 semanas
el año pasado
hace 2 años
en 1996
en el 94
hace mucho tiempo

B. En parejas. Habla con tu compañero para saber cuándo le pasaron estas cosas por última vez. Después comparad vuestras respuestas. ¿Quién ha tenido más experiencias positivas últimamente?

◇ ¿Cuándo fue la última vez que hiciste vacaciones?
★ Puff... hace mucho tiempo, creo que hace dos años.
◇ Pues yo, el año pasado.

9. HECHOS IMPORTANTES DE TU VIDA

A. Raquel está mirando sus fotos con una amiga. Escucha la conversación y escribe las fechas debajo de cada imagen. Compara con tu compañero.

 1970

B. Ahora piensa en algunos hechos importantes de tu vida y dibújalos en un papel. Comenta con tu compañero cuándo ocurrieron.

el mismo año
al cabo de un año
dos años después
tres años más tarde
del 96 al 99

◇ ¿Naciste en Berlín?
★ No, pero viví allí del 96 al 99.

T UN BUEN PUESTO DE TRABAJO PARA TU COMPAÑERO

A. Repasa tu currículum y busca tres fechas y tres nombres de lugares (ciudades, países, empresas, etc.) que han sido importantes en tu formación y experiencia profesional. Después, coméntalo con tu compañero.

◇ ¿Qué hiciste en el 95? ¿Terminaste la carrera?
★ Sí, estudié en Salamanca y al año siguiente me fui a Barcelona a hacer un master de gestión.
◇ ¿Y qué tal?
★ Muy bien, fue un curso muy bueno, aprendí muchísimo.

B. Ahora vamos a pensar en cualidades para hablar de nosotros en el CV. ¿Cuáles crees que son tus mejores aptitudes? ¿Y las de tu compañero? Escríbelas en la tabla. ¿Estás de acuerdo con tu compañero?

Mis mejores cualidades	Las mejores cualidades de mi compañero

◇ Yo creo que tienes mucha capacidad de comunicación, eres una persona muy abierta con todo el mundo.
★ Bueno... sí... yo creo que sí, soy bastante extrovertido, me gusta hablar con la gente.

C. Teniendo en cuenta la formación, experiencia y las aptitudes de tu compañero, piensa en tres puestos de trabajo que serían ideales para él.

◇ Podrías ser una buena jefa de Personal en una empresa multinacional. Me parece que eres muy dinámica, extrovertida y tienes facilidad para motivar y dirigir grupos. Además, ya tienes dos años de experiencia en una pequeña empresa, hablas idiomas...

D. ¿Podéis encontrar entre estas ofertas de empleo algún puesto que responda a vuestro perfil? También podéis buscar en periódicos españoles y en Internet.

Pretérito indefinido

Verbos regulares

TRABAJAR	NACER	ABRIR
trabajé	nací	abrí
trabajaste	naciste	abriste
trabajó	nació	abrió
trabajamos	nacimos	abrimos
trabajasteis	nacisteis	abristeis
trabajaron	nacieron	abrieron

Verbos irregulares frecuentes

IR y SER	DAR
fui	di
fuiste	diste
fue	dio
fuimos	dimos
fuisteis	disteis
fueron	dieron

tener	tuv-	
estar	estuv-	e
poder	pud-	iste
poner	pus-	o
saber	sup-	imos
hacer	hic-/hiz-	isteis
querer	quis-	ieron
venir	vin-	

Irregulares en las terceras personas

PEDIR	DORMIR
pedí	dormí
pediste	dormiste
pidió	durmió
pedimos	dormimos
pedisteis	dormisteis
pidieron	durmieron

Referencias temporales

el año/trimestre/mes... pasado
la semana pasada
hace un año/un mes/una semana...
en 1990/en julio de 19991/el 6 de julio de 1998...
el lunes/el martes...
en Navidades/ en Semana Santa...
ayer/anteayer/anoche...
el otro día...

- ¿Cuándo fue la última vez que te subieron el sueldo?
- ★ Puff... hace mucho tiempo, creo que hace dos años.

Hechos y experiencias pasadas

Me trasladé a Australia con la empresa y allí viví otros tres años. Después volví a España para trabajar en Export Internacional.

Valorar experiencias

	muy bien
	bien
	bastante bien
(Fue)	regular
	no muy bien
	mal
	muy mal
	fatal

- ¿Empezaste a trabajar el año pasado?
- ★ Sí.
- ¿Y qué tal?
- ★ Al principio fatal, pero ahora muy bien; estoy muy contento.

Principio y final

- ❖ Carmen trabaja en una cadena de librerías desde 1998.
- ★ Lola también.

- ❖ Trabajé en una multinacional como secretaria bilingüe hasta 1996.

- ❖ Trabajó como directora comercial de una editorial de 1994 a 1998.

- ❖ Trabajó de actriz del 85 al 90.

DONDE

... al mes siguiente empecé a trabajar en el sector de la importación para la empresa Impor España, donde estuve 3 años.

Después volví a España para trabajar en una conocida empresa de importación y exportación, donde trabajo en la actualidad como secretaria de dirección.

Hablar del carácter y de las cualidades de una persona

- ❖ Creo que tienes mucha capacidad de comunicación, eres una persona muy abierta.
- ★ Bueno... sí... yo creo que sí, soy bastante extrovertida y me gusta hablar con la gente.

Identificar a alguien

el/la de - el/la que
- ❖ Éste es Bill Gates, ¿no?
- ★ Sí, es el de Microsoft, el que tiene la empresa de software más grande del mundo.